Sophus Ruge

Die Entwickelung der Kartographie von Amerika bis 1570

Festschrift zur 400-jährigen Feier der Entdeckung Amerikas

Sophus Ruge

Die Entwickelung der Kartographie von Amerika bis 1570
Festschrift zur 400-jährigen Feier der Entdeckung Amerikas

ISBN/EAN: 9783744634236

Hergestellt in Europa, USA, Kanada, Australien, Japan

Cover: Foto ©ninafisch / pixelio.de

Weitere Bücher finden Sie auf **www.hansebooks.com**

Die Entwickelung
der Kartographie von Amerika
bis 1570.

·Festschrift
zur 400jährigen Feier der Entdeckung Amerikas

von

Dr. Sophus Ruge,
Professor an der Technischen Hochschule zu Dresden.

Mit 32 Kärtchen auf 2 Tafeln

(ERGÄNZUNGSHEFT No. 106 ZU „PETERMANNS MITTEILUNGEN".)

GOTHA: JUSTUS PERTHES.
1892.

INHALT.

KARTEN:

I. Allgemeiner Teil.

Die Entdeckung Amerikas und die Entdeckungen in Amerika bilden den Kern des Zeitalters der Entdeckungen. Um nun das allmähliche Auftauchen einer neuen Welt im Kartenbilde leicht verfolgen zu können und zu gleicher Zeit die Aufnahmen der entdeckenden Piloten vergleichen und die daraus gewonnenen Vorstellungen der Gelehrten übersichtlich beurteilen zu können, habe ich die Form eines größern Tableaus gewählt, auf dem in Kolumnen von links nach rechts der Fortschritt der Entdeckung von Jahrzehnt zu Jahrzehnt vorgeführt wird. Diese kartographische Entwickelung findet hier ihren Abschluß mit dem Jahre 1570, weil in diesem Jahre die erste Ausgabe von Ortelius' „Theatrum orbis" erschien, des ersten modernen Atlas, mit dem nunmehr in zahlreichen Auflagen und verschiedenen Sprachen eine leicht zugängliche Sammlung neuer Karten geliefert war, während früher, abgesehen von der seltenen Sammlung Lafreris, in der Karten von verschiedenen Stechern und aus verschiedenen Jahren vereinigt waren, nur einzelne Blätter gedruckt wurden, oder in Werken der verschiedensten Wissenschaften einzelne Karten eingefügt waren.

Das Tableau enthält vier Reihen von Darstellungen.

Die erste Reihe zeigt im modernen Kartenbilde, welche Küsten- und Binnenländer entdeckt sind.

Die zweite Reihe gibt uns die Auffassung der Piloten, denen wir die Aufnahme verdanken. Allerdings können, mit Ausnahme der Karte Cosas, keine Originalaufnahmen vorgelegt werden. Vielmehr sind nur Abschriften und Abschriften von Abschriften oder gar Zusammenstellungen aus verschiedenen Quellen vorhanden, so daß nur der zeitgemäße Gesamteindruck gewahrt bleibt, aber im einzelnen, und besonders in den Ortsnamen, viele Irrtümer unterlaufen.

Die dritte und vierte Reihe endlich führen uns die wissenschaftlichen Auffassungen der Geographen und die von gewissen Theorien über die Stellung der neuen Welt zu der bekannten Welt beeinflußten Darstellungen der Gelehrten vor. Hier sind die Originale fast ausnahmslos durch den Druck vervielfältigt, also entweder Holzschnitt oder Kupferstich, doch kommen auch Kopien von handschriftlichen und gemalten Globen vor. Wenn einzelne Karten einfach den Seekarten nachgestochen sind, was aber selten vorkommt, dann erscheinen sie gewissermaßen farblos, ohne Doktrin, ohne Schulmeinung. Für die Auffassung der Gelehrten, die sich in der dritten und vierten Reihe aussprechen sollte, waren zwei Reihen erforderlich, teils um den Reichtum der verschiedenen rasch auftauchenden und oft auch rasch wechselnden Meinungen zum Ausdruck zu bringen, teils auch, um alle in der Geschichte dieser Kartographie vertretenen bedeutenden Namen vorzuführen.

Um nun sowohl zu den Entdeckungen, als auch zu den Karten, wie sie im Tableau nur übersichtlich, summarisch gegeben werden konnten, die notwendigen Erklärungen beizufügen, enthält der zweite, besondere Teil die Geschichte der Forschungsreisen und das vorhandene Kartenmaterial chronologisch geordnet. Es handelt sich bei der Entdeckungsgeschichte nicht nur um Betonung der wichtigsten Ergebnisse (bei den frühesten Reisen, namentlich bei denen Colons, auch um die einzelnen Namen, die den entdeckten Lokalitäten

beigelegt wurden), sondern auch um den Quellennachw. is und gelegentlich auch um die
kritischen Arbeiten. Je mehr im Laufe des 16. Jahrhunderts die eigentlichen Entdeckungen
aufhören, um so kürzer werden im allgemeinen die Mitteilungen und kritischen Bemerkungen sein. Die chronologische Reihe der vorhandenen Karten ist, soweit diese überhaupt geographisch einen gewissen Wert besitzen, mit möglichster Vollständigkeit gegeben, wobei namentlich die hervorragenden Arbeiten von Harrisse die allerbedeutendste
Förderung boten. Erschöpfend ist, das fühle ich wohl, diese Reihe noch lange nicht, aber
trotzdem wird sie, hoffe ich, allen denen, die sich mit der bisher noch zu wenig ge-
pflegten Geschichte der Kartographie beschäftigen, willkommen sein. Auch sind, soweit
sie mir bekannt geworden, die Werke genannt, in denen sich die betreffenden Karten im
Faksimile oder in Nachbildung finden.

Zur Kritik und Würdigung der einzelnen Karten und zur Erkenntnis der Verwandtschaft der Karten untereinander waren synoptische Tabellen aller Namen und Legenden
erforderlich, deren mühevolle Herstellung zwar in den kurzen Angaben nicht zu sehen,
deren Wert aber aus einigen kritischen Bemerkungen hierüber wohl zu erkennen ist.

Wenn in der dritten und vierten Reihe die erste Kolumne noch vor die Entdeckung
Amerikas durch Columbus 1492 zurückgreift, so geschieht es, um Vorstellungen und Theorien über die Länderverteilung zum Ausdruck zu bringen, die für die Folgezeit von
grofsem Einfluß gewesen sind, wie der Zamoiski-Kodex 1468 für den Norden und Behaims
Globus 1492 für den Osten Asiens. Auch die fragwürdige Zenokarte von 1380 (?) ist in
der Liste mit aufgenommen, weil nach ihrer Veröffentlichung im Jahre 1558 nicht blofs
die italienischen Ptolemäusausgaben, sondern selbst noch Mercator 1569 ihrer Darstellung
des Nordens folgen.

Die Seekarten.

Die Kunst, Seekarten zu entwerfen, ist bei den Italienern entstanden. Als der portugiesische Prinz Heinrich seine Entdeckungen begann, suchte er Italiener für seine Unternehmungen
zu gewinnen; so wurden auch im Kartenentwerfen die Italiener die Lehrmeister der Portugiesen, und neben diesen traten bald auch die Basken als geschickte Seeleute und Kartographen hervor. Erst gegen die Mitte des 16. Jahrhunderts fand die nautische Kartographie auch in Frankreich Eingang, nach England und Deutschland kam sie in der Zeit
der grofsen Entdeckungen überhaupt nicht. In Spanien aber, dem für die älteste Kartographie Amerikas wichtigsten Lande, nahm man Anleitung und Lehre von den Italienern,
Basken und Portugiesen an.

Somit besteht das Material für die amerikanische Kartographie aus spanischen, portugiesischen, italienischen und später französischen Seekarten oder Portulanen. Die Sprache
dieser Karten ist ausschließlich romanisch.

Aber leider sind Originalblätter kaum noch vorhanden. „Unglücklicherweise existiert
der gröfste Teil der alten Portulane nicht mehr. Was sich im Laufe der Zeit aus den
Schiffbrüchen und aus den Händen der Goldschläger gerettet hat, ist noch nicht alles bekannt, sehr weniges ist beschrieben worden. Man kann also die Entwickelung der Seekarten noch nicht genau schildern" (Harrisse, Cabot, S. 139). So rasch, wie sich das Bild
der auftauchenden neuen Welt in den ersten Jahrzehnten änderte, so rasch veralteten die
Karten, ja sie konnten sogar gefährlich werden. Es empfahl sich daher aus Nützlichkeits-
gründen, aus Vorsicht, das Veraltete zu beseitigen, zu vernichten. So kommt es denn,
dafs man in ganz Spanien und Portugal aufser der erst aus Frankreich wieder erworbenen
ältesten Weltkarte, worauf die neue Welt dargestellt ist, der berühmten Karte des baski-
schen Piloten Juan de la Cosa, aus den ersten fünfzehn Jahren des 16. Jahrhunderts
keine Karte von Amerika mehr findet. Die ältesten nächst Cosa erhaltenen Seekarten von
Cantino, Canerio und die von Kunstmann in seinem Atlas veröffentlichten Blätter Nr. 2

und 3 befinden sich in den Sammlungen Italiens, Frankreichs und Deutschlands. Und auch diese sind sämtlich bereits nicht mehr Originale, sondern Nachbildungen, Zusammenstellungen aus verschiedenen Vorlagen. Und wenn auch Cosa bei der Darstellung Amerikas seine eignen Aufnahmen mit verwertet hat, so ist doch auch seine Karte im ganzen nur eine Kompilation.

Eine mühsame, in die Einzelheiten eindringende Kritik, wie sie vor allen Harrisse [1] geübt hat, ist uns zwar imstande gewesen, in einzelnen Fällen die Originale nachzuweisen, nach denen eine Karte entworfen ist, aber wie weit Originale und Nachbild sich decken, das läfst sich nicht mehr erkennen.

So sind also auch die ältesten Urkunden für eine Geschichte der Kartographie Amerikas nicht mehr die Originale, sondern nur die Abschriften oder gar willkürliche Verbindungen verschiedener Kopien, die nicht gleichwertigen Originalen entnommen sind; denn der Wert einer ersten Aufnahme ist doch stets von der Geschicklichkeit des Piloten abhängig. Jeder Kopist ist der Gefahr ausgesetzt, aus Verlesen oder aus Flüchtigkeit Fehler zu begehen, und das bei Karten um so leichter, weil hier nicht, wie bei der Abschrift eines litterarischen Werkes, ein zusammenhängender Text vorliegt, sondern einzelne Namen zusammenhangslos an den Faden der Wasserlinie des Meeres aufgereiht sind. Die Kosmographen bedienten sich vielfach der damals sehr beliebten Abkürzungen in der Schrift, die benannten Küstenpunkte waren in manchen Gebieten so dicht gedrängt, dafs bei ihrer Wiedergabe leicht ein Irrtum unterlaufen konnte: nicht blofs dafs ein Name falsch gedeutet, oder, weil er schlecht oder unleserlich geschrieben war, ganz weggelassen wurde, es lassen sich auch Wiederholungen von Namenreihen nachweisen, die an einer Küste unmöglich so dicht aneinander zweimal erteilt sein können. Wurden dann vollends nach den auf Pergament geschriebenen Karten Kupferstiche oder gar Holzschnitte entworfen, so erforderte schon das spröde Material, von dem gedruckt werden sollte, die Zahl der Namen einzuschränken. Man kann nicht sagen, dafs diese gedruckten Blätter mit Geschick immer nur das Unwesentliche ausgelassen hätten.

Den Hauptanteil an der Erforschung der Küsten Amerikas nehmen ohne Widerspruch die spanischen oder in spanischen Diensten stehenden Piloten; aber daraus darf man keineswegs folgern, dafs der spanische Einfluss für die Entwickelung der Kartographie von Amerika mafsgebend gewesen sei. Es hatte damit seine eigne Bewandnis.

Zwar beginnt die spanische Kartographie schon nach der ersten Reise Colons, und zahlreiche Spuren in der Litteratur und den Urkunden der Archive geben Kunde von der rasch sich entwickelnden Kunst, Seekarten zu entwerfen und zu zeichnen; trotzdem läfst sich die Verbreitung derselben über Spanien hinaus nach den nördlichen Ländern und ihr Einfluss auf die kartographischen Anschauungen Mitteleuropas im ersten Viertel des 16. Jahrhunderts nicht nachweisen.

Columbus hatte versprochen, von den Entdeckungen seiner ersten Fahrt eine Karte zu entwerfen, hatte sie nach der Heimkehr den Majestäten in Aussicht gestellt; am 5. September 1493 wurde er von der Königin Isabella noch einmal darum gemahnt (Navarr. II. 122, 2. Ausgabe 1859); indes melden die Akten von einer Absendung und einem Empfang der Karte nichts.

Dafs von der dritten Reise eine Karte vorhanden war, wird mehrfach bezeugt. Hojeda sah sie zuerst beim Bischof Fonseca und erhielt von diesem eine Kopie für seine erste Reise (Navarr. III, 539 u. 586), aber von allen seinen Karten hat sich nichts erhalten.

So ist denn die von Juan de la Cosa 1500 hergestellte Karte das älteste erhaltene kartographische Denkmal, in dem dieser geschickte baskische Pilot die bisher gemachten

---

[1] „Names, when methodically interrogated, yield very useful results, which reach even distant questions." (Harrisse, Disc. of N. America, S. 325.)

einzelnen spanischen Entdeckungen, ja sogar vielleicht die Entdeckungen Giovanni Cabotos in Nordamerika zu einer Darstellung vereinigte.

Die Ergebnisse der vierten Fahrt des Admirals von 1502—4 fanden raschere Verbreitung, da nicht blofs Columbus selbst und sein Bruder Bartolomeo, sondern auch die andern Piloten Karten entworfen hatten. Dabei konnte es vorkommen, dafs die Darstellungen und auch die Namen in Einzelheiten von einander abwichen. Karten waren kein Geheimnis und konnten unbedenklich kopiert oder auch käuflich erworben werden. Auch in Portugal war Kartenindustrie und Kartenvertrieb bis auf eine Ausnahme freigegeben: Darstellungen von dem Seewege nach den Molukken zu entwerfen, war bei schwerer Strafe verboten. Und so finden wir denn, dafs später ein italienischer Zeichner, der nur Luxusathanten entwarf, Baptista Agnese, gleichsam als Reklame allen seinen überaus zierlich gemalten Kartensammlungen eine Weltkarte beigab, auf welcher der Molukkenweg deutlich eingezeichnet und als solcher benannt war. Als die portugiesische Indienflotte unter Cabral 1500 Brasilien entdeckt hatte und in den nächsten Jahren portugiesische Schiffe einen grofsen Teil der Ostküste Südamerikas befuhren, da schien es, als ob man in Portugal das Bekanntwerden dieser Thatsachen, die höchstens den Spaniern unangenehm sein konnten, begünstigte und den Italienern in Lissabon bereitwillig Kopien gestattete. Nach Lissabon kamen auch eher, als nach Spanien, so scheint es, Karten von Cabotos Fahrten, jedenfalls aber von den Forschungen Cortereals, und so stammen denn die nächsten erhaltenen Blätter, die von Cantino und Canerio, aus Portugal. Zu weiterer Verbreitung der Ergebnisse seiner eignen Reisen auf portugiesischen Schiffen trug Vespucci selbst, wie man jetzt sagen würde, „durch Bild und Wort" bei; und so hatte der Einflufs der durch Italiener kopierten portugiesischen Karten auf die Anschauung Mitteleuropas schon begonnen, ehe die spanische Kartographie in geregelte Bahnen geleitet war. Der erste Grund zur Ordnung wurde durch die Errichtung des Indischen Amtes in Sevilla 1503 gelegt. Von der Casa de Contratacion de las Indias ging die Leitung aller überseeischen Unternehmungen aus. Hier mufsten notwendigerweise auch die Karten von den neuen Entdeckungen gesammelt werden. Aber es mufste sich nun auch bald herausstellen, dafs bei den oft sehr von einander abweichenden Küstenbildern der Neuen Welt solche Karten den Schiffern eher Gefahr bringen als Sicherheit gewähren konnten. Es mufste an den vorhandenen Karten fachgemäfse Kritik geübt werden, es mufste dafür gesorgt werden, dafs die Seefahrer möglichst korrekte Karten, nach einheitlichen Grundsätzen entworfen, erhielten.

Dieser Fortschritt knüpft sich an die Berufung Amerigo Vespuccis 1508 zum Pilotmayor in Spanien. Damals wurde der Plan zuerst ins Auge gefafst, unter seiner Leitung eine wichtige Generalkarte von den entdeckten Gebieten zu entwerfen. (Navarr. III, 300.) Neben ihm waren Juan Diaz de Solis und Vincente Yañez Pinzon thätig. Von den damals vorhandenen Karten wurde die des Andres de Moraies für die beste erklärt und vorläufig zum Range einer offiziellen Karte, eines Padron real erhoben. Bei Strafe von 50 Dublonen (960 Mark) sollte kein Schiffer eine andre Karte an Bord haben. Aber das Gebot war leichter gegeben als gehalten. Als Amerigo Vespucci am 22. Februar 1512 starb, folgte ihm als Pilotmayor Diaz de Solis. Dieser erhielt noch in demselben Jahre zusammen mit dem Neffen Amerigos, Juan Vespucci, den Auftrag, eine offizielle Karte zu entwerfen. Beide sollten dafür auch das Recht haben, den Padron real zu kopieren und zu verkaufen. Aber die andern Kartographen kehrten sich an das Privilegium nicht. Wenn nun in den folgenden Jahren bis zum Tode Diaz' de Solis von der Einberufung einer Junta berichtet wird, durch welche die Herstellung einer offiziellen Karte beschleunigt werden sollte, so scheint die Anfertigung doch auf bedeutende Schwierigkeiten gestofsen zu sein. Und in der That ist auch von derartigen empfohlenen Karten nichts erhalten.

Es handelte sich dabei namentlich auch um genaue Längenbestimmung des Kaps

H. Augustin in Brasilien, nach dessen Lago man die Grenze der portugiesischen Ansprüche auf Südamerika hoffte festlegen zu können; denn die Portugiesen waren entschlossen, jeden Spanier, der hier die Demarkationslinie überschritt, gefangen zu setzen. Ungenaue Karten brachten hier also die Schiffer in Leibesgefahr.

Man hat nun vermutet, daß die Blätter IV und V in Kunstmanns Atlas aus den Ergebnissen der Junta von 1515 hervorgegangen seien (Kohl, Generalkarten, S. 30), denn diese Karten sind nach 1513 entstanden, da Balboas Südsee darauf angegeben ist. Allein diese beiden Karten vertreten verschiedene Standpunkte; Nr. IV vertritt die portugiesischen Ansprüche in Brasilien, wie der Verlauf der Demarkation durch Brasilien und die lange Legende auf der portugiesischen Seite beweist, während Nr. V für die spanischen Ansprüche eintritt, wonach die Grenzlinie nur den äußersten Vorsprung Brasiliens als portugiesisch gelten läßt. Die erste Karte bedient sie der portugiesischen, die zweite der italienischen Sprache.

Die Unsicherheit in der Gesamtauffassung der neuen Länder dauerte noch einige Jahre fort, bis die Küsten des mexikanischen Golfes durch Pinedo aufgenommen waren und bis Sebastian d'Elcano vom Geschwader Magalhães' die ersten Karten vom südlichen Ende Südamerikas heimbrachte. Dann erst, um 1522 oder 1523, befestigte sich die spanische Küstenzeichnung von Amerika und wurde nur noch im Westen durch die Forschungen am Großen Ozean, wie sie von Cortes' und Pizarros Zügen geliefert wurden, ergänzt. Nun kam man auch wieder auf den Plan eines allgemeingültigen Padrons zurück.

Im Jahre 1526 erhielt Ferdinand Columbus den Auftrag, eine neue genaue Karte herzustellen, die nach einem spätern Erlasse des Kaisers Padron general heißen sollte. Wenn aber nach 9 Jahren an den Sohn des Admirals der wiederholte Befehl erging, die Karte zu vollenden, so darf doch sicher daraus geschlossen werden, daß er bis dahin die Arbeit nicht abgeschlossen und keine Karte geliefert hatte; dann läßt sich auch die Annahme, daß die Weimaraner Generalkarte von 1527, die erste uns erhaltene „Generalkarte", von ihm herrühre, nicht wohl aufrecht erhalten. Die zweite, jener von 1527 durchaus verwandte Generalkarte von 1529 hat sich ebenfalls erhalten. Der auf diesen beiden Karten ausgesprochene Typus wurde von da ab im allgemeinen festgehalten.

Wenn die Portugiesen, was den Unfang ihrer Leistungen für die Kartographie Amerikas betrifft, auch erst in zweiten, so gebührt ihnen doch das Verdienst, zuerst Nordamerika in seinen richtigtürlich abgesehen vom polaren Norden, aufgefaßt und dargestellt zu haben. so tüchtige Piloten wie geschickte Kartenzeichner und haben nicht bloß n, sondern auch durch ihre Mo thode einen großen Einfluß namentlich phischen Arbeiten in Deutschland ausgeübt. Manche ihrer Kartenzeichner und ngen heimlich von Portugal nach Spanien in den Dienst Karls V., wie Francisco und Ruy Faleiro, Jorge und Pedro Reinel, Simon de Alcazaba de Sotomayor. Neben ihnen traten aber in Spanien, und noch mehr als die Portugiesen, die Italiener hervor. Es sei hier außer an Columbus nur an Amerigo und Juan Vespucci und an Sebastian Caboto erinnert. (Harrisse, Cabot, S. 219.)

Zwei der wichtigsten und ältesten kartographischen Urkunden, die Karten von Cantino und Cancrio, wenn sie auch durch Italiener vermittelt oder gezeichnet waren, sind Kopien portugiesischer Originale. Beide haben, wie auch die von Vespucci an den Herzog René von Lothringen gesandten Küstenbilder der Neuen Welt, einen weittragenden Einfluß auf die gelehrte Kosmographie gehabt.

Dieser Einfluß rührte aber von Italienern im Auslande her. Dem gegenüber macht Harrisse (Discov. of N. Am., p. 270) darauf aufmerksam, daß die in Italien lebenden Kartographen verhältnismäßig erst spät von den Entdeckungen der Spanier und Portugiesen in der Neuen Welt Notiz nahmen, und daß, abgesehen von Johann Ruysch, einem Deutschen, der für den römischen Ptolemäus 1508 eine portugiesische Karte der Neuen

Welt im wesentlichen kopierte, erst Vesconte de Maggiolo in Neapel 1511 eine Darstellung der neuentdeckten Gebiete brachte. Bis 1527 blieb die kartographische Thätigkeit in Italien von portugiesischen Vorbildern abhängig. Spanischen Einfluß erkennt man erst in Maggiolos Karte von 1527. Viel später, als die drei südlichen romanischen Völker: Italiener, Spanier und Portugiesen, beteiligten sich die Franzosen an diesen nautischen und kartographischen Arbeiten. Auch hier war ein Italiener, Giov. Verrazzano, 1524 der Bahnbrecher. Ihm folgte 10 Jahre später die Fahrt des ersten Franzosen, Jacques Cartier, und wenn sich auch von seinen Originalaufnahmen nichts erhalten hat, so findet sich doch das Ergebnis seiner ersten Entdeckungsfahrten auf der Weltkarte Nicolas Desliens' v. Dieppe, 1541, der ältesten bekannten französischen Karte. Dieselbe wird in der königl. Bibliothek zu Dresden aufbewahrt.

Aber großen bestimmenden Einfluß konnte die französische Kartographie nicht mehr ausüben, ihre Kosmographen zeigten sich vielmehr vielfach von Deutschland abhängig. Die erste Seekarte in modernem Sinne, in usum navigantium, die berühmte Weltkarte Mercators, erschien 1569, also am Ende des von uns gewählten Zeitraums. Die Jahrzehnte andauernde Unsicherheit in der Zeichnung der neugefundenen Küsten wurde vornehmlich durch die ungenauen astronomischen Bestimmungen herbeigeführt. Breitenbestimmungen gelangen natürlich eher als die Längenbestimmungen. Und wenn man nun sieht, daß auch in dieser Beziehung in der Mitte der Neuen Welt, in den westindischen Gewässern, wo allein die Spanier thätig waren, am längsten die Schwankungen andauerten, während im Norden und Süden, in Neufundland und Brasilien, wohin in dem nämlichen Jahre 1500 portugiesische Schiffe kamen, viel eher sich die geographische Breitenlage befestigte, dann kommt man notgedrungen zu dem Schluß, daß die Portugiesen den Spaniern in dieser nautischen Geschicklichkeit nicht unbeträchtlich überlegen waren.

Und selbst Columbus hob sich mit seinem Wissen und Können nicht über seine Gefährten hervor. Was von seinen Breitenbestimmungen durch die zweite Hand überliefert ist, verrät ein Schwanken zwischen den eignen Versuchen und den Positionen auf der Karte Toscanellis, der er blindlings folgte. II. Harrisse hat sich in seinem neuesten Werke (Disc. of N. Am., S. 401) der Ansicht Humboldts angeschlossen, daß Columbus die Karte Toscanellis nicht an Bord gehabt habe, denn sonst wäre er unter dem Parallel von Lissabon über den Ozean gegangen. Ich halte den angegebenen Grund für nicht stichhaltig; denn erstens mußten die reichen Länder Ostasiens, die das Ziel der Westfahrt waren, in der heißen Zone oder in der Nähe dieser Zone gesucht werden und es fragte sich, ob es nicht geratener war, in bekannten Gewässern, also von Spanien bis zu den Kanarien an die Grenze der Tropen zu gehen, als sich dahin in unbekannten Gewässern Ostasiens seinen Weg zu suchen. Zweitens waren nach der Karte, wie aus der Kopie Behaims zu ersehen ist, auf dem Westwege von den Kanarien nach Zayton in ziemlich gleichen Abständen zwei sehr willkommene Ankerplätze, auf Antilia und Zipangu, zu erwarten, wodurch eine Seefahrt von unbestimmter Länge in willkommenster Weise unterbrochen wurde. Drittens geht auch aus dem Tagebuch des Admirals hervor, daß er diese Punkte zu erreichen hoffte. Antilia wollte er, weil es sich nicht gleich fand, wo er es nach seiner Karte vermuten mußte, auf dem Rückwege aufsuchen, Zipangu meinte er gefunden zu haben, als er Haiti erreicht hatte. Alle Bemerkungen des Entdeckers über seine Vorstellungen von der Land- und Wasserverteilung werden durch diese Karte verständlich. Viertens tritt aber das hier sehr gewichtige Zeugnis des Bischofs Las Casas ein, das, weil es mehrmals von ihm mit derselben Bestimmtheit wiederholt worden ist, in diesem Falle nicht als ein gewöhnlicher Irrtum, wie er ihm sonst begegnet ist, behandelt werden darf. Nachdem Las Casas lib. 1, Kap. 12 (Bd. I, S. 96) von dem geographischen Irrtum Toscanellis gesprochen hat, wonach man bei einer Westfahrt zuerst auf die Länder des Großchans stoße — Bemerkungen, die sich in verkürzter Form, zum Teil auch wörtlich in den Historien, Kap. VIII, wiederfinden[1]) —, fügt der Bischof einige gewichtige Sätze hinzu, die von den Historien, weil bedenklich für den Ruhm des Genuesen, ausgelassen sind: „La car . . . mesear (Toscanellis) que le invió, yo, que esta historia escribo, tengo en mi poder, y d sua se hará mención abajo" (Die Seekarte, die er ihm schickte, habe ich, der Schreiber dieser Geschichte, in meiner Verwahrung, und es wird weiterhin noch mehrfach von ihr die Rede sein), und einige Zeilen weiter: „Y ansi creo que todo su viaje sobre esta carta fundó" (Auch glaube ich, daß seine [des Columbus] ganze Reise auf dieser Karte fußte). Dann kommt Las Casas wieder auf die Karte bei der Schilderung der ersten Fahrt über den Ozean zurück, als Columbus am 25 Sept. 1492 die Seekarte von Martin Alfonso Pinzon zurückerhielt, auf der die ozeanischen Gewässer, die sie durchsegelten, eingetragen waren. Es handelte sich um die Lage von Antilia. Dr. bemerkte Las Casas im 38. Kapitel (S. 270): „Esta carta es la, que envío Paulo, físico, ol florentin, la cual yo tengo en mi poder" (Das ist die Karte, die der Florentiner Arzt Paulo [Toscanelli] schickte, und die ich in Verwahrung habe). Toscanellis Karte stand in hohem Ansehen bei Columbus, darüber kann kein Zweifel sein; eine andre Karte, die den ganzen Ozean bis zum Gestade Asiens darstellte, gab's nicht. Er mußte Toscanelli an Bord haben und konnte nach keiner andern Karte sich richten, und hat nur nach dieser gesteuert.

Die Unsicherheit der Breitenbestimmungen, die ich auf Toscanellis Einfluß zurückführe, läßt sich sogar noch auf einer erhaltenen Karte aus ältester Zeit erkennen. Es ist Tafel II in Kunstmanns Atlas. Hier verlaufen die Küsten der Großen Antillen von Puertorico bis Cuba steil nach Nordwesten, so daß das nordwestliche Ende von Cuba den 50. Breitenkreis erreicht. Solche Fehler verschwanden erst ziemlich nach dem Tode Colons; erst allmählich rückte der Wendekreis in seine richtige Lage zu den Großen Antillen. Richtig tritt uns das Kartenbild erst auf der ersten Generalkarte von 1527 entgegen. Dagegen war die Mündung des Amazonenstroms von Anfang an richtig unter den Äquator verlegt. Auch der östliche Vorsprung Brasiliens, das Kap S. Augustin, kam bald in schickliche Lage.

Weitaus schwieriger als die Breitenbestimmung war die Bestimmung der Länge. Astronomisch vermochte man sie noch nicht zu berechnen. Besser gelang es, die ungefähre Lage einer Küste nach Schätzung aus der Schnelligkeit der Fahrt zu ermitteln; aber daß auch hier verschiedene Urteile laut wurden, sieht man aus den verschiedenen Schätzungen der Piloten auf der ersten Fahrt Colons. Seine eignen Längenbestimmungen oder -schätzungen sind nicht besser als die seiner Zeitgenossen. Ich glaube auch nicht, daß die wenigen astronomischen Versuche einer Längenbestimmung in amerikanischen Gebieten auf die Kartenbilder einen Einfluß geübt haben. Somit ist's nicht zu verwundern, wenn die östlichen Küsten der Neuen Welt, namentlich Süd- und Mittelamerika, um 3—5° zu weit nach Osten gerückt waren. Noch schlimmer stand es anfangs in Nordamerika. Die zuerst inselartig auftauchenden Küsten von Neufundland, Labrador und Grönland (?) lassen die richtige Lage kaum ahnen. Ganz bedenklich aber war der Verlauf der Ostküste der jetzigen Vereinigten Staaten, der sich so wagerecht von Westen nach Osten zog, als sollte der Ozean dadurch im Norden völlig abgedämmt werden. Neufundland lag infolgedessen um 14° zu weit östlich. Diese Fehler haben im 16. Jahrhundert kaum eine Milderung erfahren.

Die seit 1494 bestimmte Demarkationslinie diente auf den Generalkarten häufig als Anfangsmeridian. Wir treffen sie zuerst auf dem Blatt IV in Kunstmanns Atlas, also etwa ums Jahr 1518. Sie liegt hier 21—22° westlich von der kapverdischen I. ... l S. Antonio, also etwa 370 Leguas davon entfernt, wie es im Vertrage von Tordesillas 1494 ausgemacht war. Aber die spanischen Kosmographen rückten sie gern in Südamerika

---

[1]) Ich sage absichtlich wiederfinden, denn ich halte hier Las Casas für das Original, aus dem die Historien geschöpft haben.

möglichst weit nach Osten, um das portugiesische Gebiet zu schmälern. Zu völliger Übereinstimmung kam man nicht.

Eine sichere wissenschaftliche Benutzung können die alten Karten, seien es See- oder Landkarten, gemalte Portulane oder durch den Druck vervielfältigte Karten, nur dann gewähren, wenn die Zeit der Herstellung von den Verfassern angegeben ist, wenn also eine genaue Zeitbestimmung gemacht ist, oder wenn dieser Zeitpunkt mit grofser Wahrscheinlichkeit aus dem Inhalte ermittelt werden kann. Die Mehrzahl aller erhaltenen ältern kartographischen Urkunden sind ohne Datum.

Von den 12 ältesten Blättern, die wir noch aus der Zeit von 1500—1509 besitzen, sind vier datiert und acht undatiert. Wir dürfen es als ein grofses Glück schätzen, dafs die älteste erhaltene Karte von Juan de la Cosa ein genaues Datum trägt und dafs die sogenannte Cantinokarte durch den Begleitbrief auch mit Sicherheit einem bestimmten Jahre zugeschrieben werden kann. Sonst ist die Zeitbestimmung undatierter Karten immerhin eine äufserst schwierige Aufgabe. Es ist zwar in vielen Fällen möglich, nachzuweisen, welche der eingetragenen Entdeckungen die jüngste gewesen ist; aber daraus folgt nur, dafs die Karte nicht vor dem Ereignis dieser Entdeckung entworfen sein kann. Dagegen läfst sich daraus noch nicht ersehen, um wieviel Zeit später der Kartograph gearbeitet hat. Wenn alle in Italien ansässigen Kartographen vor 1508, oder richtiger vor 1511, von Amerika noch keine Notiz nehmen, so kann eine solche Wahrnehmung nur zu äufserster Vorsicht mahnen.

Da die Originalaufnahmen mit wenigen Ausnahmen aus späterer Zeit nicht auf uns gekommen sind und die Arbeiten verschiedener Piloten, wohl auch aus verschiedenen Jahren zu einer Karte zusammengetragen sind, so wird dadurch schon die Zeitbestimmung erschwert, und doch läfst sie sich bei Portulanen, die in den Hafenstädten gemacht sind, noch eher ermitteln, als bei den danach gedruckten Blättern. Der Stich oder Schnitt der Blätter erforderte längere Zeit, der Druck verzögerte sich oft um Jahre; und dazu mufs auch noch mit der Möglichkeit gerechnet werden, dafs den Gelehrten, von denen diese Karten ausgingen, nicht immer die neuesten Aufnahmen zu Gebote standen. So kommt es denn, dafs solche undatierte Blätter oft um Jahre zu früh angesetzt worden sind. So weifs man, dafs die Vorlagen zu den Karten zum Ptolemäus (Strafsburg 1513) mindestens sechs Jahre in den Händen des Kollegiums zu St. Dié waren, ehe sie veröffentlicht wurden. Denn schon Herzog Renatus († 1508) war in den Besitz der neuen Seekarten von Südamerika und Südafrika gelangt, die später die Ptolemäusausgabe, wenn auch nur in Holzschnitt, zieren sollten; und Martin Waldseemüller kündigte schon 1507 in einem Briefe an Amerbach, St. Dié den 5. April, an, dafs demnächst die Karten in Druck erscheinen würden. Ein andres Beispiel bietet der von Nordenskiöld zuerst bekannt gemachte Globus (Faksimile-Atlas, Tafel XXXVII*), dessen Entstehungszeit Nordenskiöld glaubte in die Jahre 1510—15 setzen zu müssen, während Harrisse aus einer bei Haiti befindlichen Inschrift nachgewiesen hat, dafs man den Globus nicht vor 1518 ansetzen dürfe. Ebenso wurde die von Descaliers entworfene Weltkarte, die sogenannte Karte Heinrichs II., um Jahre zu früh angesetzt, bis man auf dem Original Inschrift und Jahr eingeschrieben fand. Wenn in der Liste der bekanntgewordenen Kartenblätter (siehe zweiten, speziellen Teil) bei undatierten Blättern eine Jahreszahl bestimmt oder annähernd gegeben ist, so müssen diese Zahlen immer noch mit Vorsicht behandelt werden, wenn ich mich auch bestrebt habe, den besten Gewährsmännern zu folgen.

Eine andre Schwierigkeit beim Studium der alten Seekarten erhebt sich, wenn es gilt, die alten Namen zu deuten und mit der jetzt üblichen Benennung der Lokalitäten zu identifizieren. Denn nur ein Teil der von den Entdeckern selbst gegebenen Namen hat sich bis in unsre Zeit erhalten, manches ist daneben verstümmelt und entstellt, andres noch bei Lebzeiten der ersten Besucher durch andre Benennungen verdrängt worden. Portugiesen ignorierten die Bezeichnungen der Spanier und umgekehrt; ja noch mehr: auf einer und derselben Expedition konnten von verschiedenen Piloten in den Küstennamen abweichende Karten heimgebracht werden, und wenn auf diesen Originalen die Namen abgekürzt oder undeutlich geschrieben waren, dann traten schon in den ersten Kopien nicht unbedeutende Abweichungen hervor.

Erschwert wird die Deutung der Namen auch noch dadurch, dafs die Entdecker selten in ihren schriftlichen Berichten eine genaue Küstenbeschreibung geben, dafs nur sehr selten, wie bei Columbus, die Schiffstagebücher, wenigstens im Auszuge, vorhanden sind. Oft sind die Berichte zu allgemein abgefafst, wie bei den vier Schiffahrten des Vespucci, um einen Anhalt für die Deutung zu bieten.

Nimmt man dann noch dazu, dafs auch die Küstenzeichnung sehr oft abweichende Darstellung zeigt, dann ist die Deutung der Namen vollends ungewifs, dann ist es nur natürlich, dafs neue Forscher über die Erklärung der Lokalitäten stark abweichende Ansichten äufsern.

Nach H. A. Schumachers Mitteilung (Kohls Amerikanische Studien, in den Deutschen geographischen Blättern Bd. XI, S. 106, Bremen 1868) schreibt J. G. Kohl über die alten Karten, mit denen er sich jahrelang eifrigst beschäftigt hatte: „Vor einer zu eifrigen Benutzung dieser Sachen ist zu warnen. Freilich prätendieren die Karten das Bild des Landes in seinen Hauptzügen so darzustellen, wie man es zur Zeit ihrer Anfertigung sich dachte; allein das Geschäft des Kartenzeichnens, das nur eine Arbeit sehr eingeweihter und gelehrter Männer hätte sein sollen, ist oft in höchst ungebildeten Händen gewesen und zum Teil auf äufserst nachlässige Weise betrieben worden, während die Entwerfung eines in allen Punkten richtigen Kartenbildes eine so aufserordentliche Masse von Kenntnissen voraussetzt, dafs erst in neuerer Zeit jene Kunst gedeihlicher aufblühen konnte. Erst in neuerer Zeit waren alle jene Kenntnisse in gehöriger Weise beisammen."

Man mag dies zugeben und ist doch gezwungen, wenn es sich um die Entwicklung der Kartographie, wie hier von Amerika, handelt, auch das geringste Blatt zu beachten, und hat jedenfalls die Deutung der Namen zu versuchen. Aber leider läfst sich von manchen wichtigen Entdeckungsfahrten, z. B. Gomez', Ayllons, mit Sicherheit, trotz der spanischen Karten eines Ribeiro, kaum angeben, welche Küstenpunkte mit den alten Namen gemeint sind, an welchen Orten eine Landung oder gar eine Niederlassung versucht ist.

Wenn auch hinsichtlich für die Orte, so doch für die Zeit der Entdeckung sind die Heiligen des katholischen Kalenders wichtig. Der Tag der Entdeckung wird damit festgelegt, und schon danach hat manchmal bewiesen werden können, dafs eine Entdeckung nicht einem Seekapitän zuzuschreiben sei, dessen Fahrt zwar dem Jahre nach, aber nicht den Monaten nach pafste.

Es mag dienlich sein, für dahin einschlagende Forschungen hier die am meisten verwendeten heiligen Namen in alphabetischer Ordnung einzufügen:

Alexius	17. Juli.	Bernhard	20. Mai
Allerheiligen (de todos os santos)	1. November.	Blasius	3. Februar.
Ambrosius	4. April.	Bonaventura	14. Juli.
Andreas	30. November.	Bonifacius	5. Juni.
Anna	26. Juli.	Catharina	25. November.
Annunciatio Mariae	25. März.	Christoph, Cristoval	18. Dezember.
Antonius	7. Januar.	Circumcisio Dom.	1. Januar.
Apollonia	9. Februar.	Clara	12. August.
Ascensio Domini	Himmelfahrt.	Conceptio Mariae	8. Dezember.
Ascensio Mariae	15. August.	Crucis	14. September.
Assumptio St. Johannis	27. Dezember.	Dionysius	9. Oktober.
Assumptio Mariae	15. August.	Dominica = Sonntag.	
Augustin	28. August.	Dominicus	5. August.
Balthasar	4. Januar.	Dreikönigstag (de Reis, Epiphan.)	6. Januar.
Barbara	4. Dezember.	Elftausend Jungfrauen (Once mil	
Bartolomeus	24. August.	virgines)	21. Oktober.
Beata	22. Dezember.	Elena Helena.	
Benedictus	21. März.	Elias	20. Juli.

Ferdinand	19. Januar.	Martha	27. Juli.
Franciscus	4. Oktober.	Martin	11. November.
Gallus	16. Oktober.	Martyres	22. Juni.
Georg	23. April	Matthaeus	21. September.
Germanus	31. Juli.	Matthias	24. Februar
Gregorius	12. März.	(im Schaltjahr 25. Februar).	
Heilige 3 Könige	6. Januar.	Michael	29. September.
Helena	18. August.	Nativitas Christi (Navidad, Natal)	25. Dezember.
Hyacinthus — Jacinto.		Nicolaus	6. Dezember
Hieronymus	20. September.	Omnium Sanctorum	1. November.
Jacobus	25. Juli.	Pantaleon	27. Juli.
Januarius	19. September.	Paulus	25. Januar.
Jacinto	11. September.	Peter Paul	29. Juni.
Johannes Baptista	24. Juni.	Petrus	1. August.
Julian	27. und 28. Februar.	Philippus und Jacobus	1. Mai
Kreuzerhöhung (Exaltatio)	14. September.	Raphael	24. Oktober.
Laurentius	10. August.	Rochus	16. August.
Lazarus	17. Dezember.	Romanus	9. August.
Lucas	18. Oktober.	Sebastian	20. Januar.
Lucia	13. Dezember.	Severinus	26. Aug. u. 23. Okt.
Ludwig	25. August.	Stephanus	26. Dezember.
Luise	2. März.	Thomas	21. Dezember.
Magdalena	22. Juli.	Trinitatis (Trinidad)	Sonntag n. Pfingsten.
Margareta	13. Juli.	Triumfo de la Cruz	16. Juli.
Maria	8. September.	Vincentius	22. Januar.

Aufser den heiligen Namen, die zwar meist auf den Festtag selbst zu setzen sind, zuweilen aber in die Nähe des Tages fallen, besteht die Nomenklatur der alten Karten aus charakteristischen Merkzeichen an der befahrenen und zuerst aufgenommenen Küste. Die üblichsten Benennungen sind:

Aguada — Wasserplatz.	bahia — Bai.	rio dolce — Süfswasserflufs.
aldea — Dorf.	fondura — Tiefe.	rio salsio — Salzflufs.
arenas — Sandstrand.	furna — Ducht.	rio escondido — versteckter Flufs.
anegadas — überschwemmtes Gebiet.	mar baxa — seichtes Meer.	rio verde — grüner Flufs.
ancon — Ducht.	medanos — Hügel, Dünen.	Salbuas — Salzgewinnung.
arboledas — Wald, Gebüsch.	plaia — Flachküste.	tierra llana — Flachland.
arecifes — Riffe.	procel — Sandbank.	

Dergleichen allgemeine Bemerkungen über die Natur der Küsten finden sich seltsamerweise auch auf den Kupferstich- und Holzschnittkarten, namentlich wenn sie getreue Kopien von Seekarten sind.

Das sprödeste Material lieferte der Holzschnitt, der allein bei allen deutschen Karten in Anwendung kam. Hier kommen am leichtesten Verstümmelungen von Namen vor, hier erforderte die Art der Herstellung eine Beschränkung in der Aufnahme der Ortsbezeichnung. Die Holzschnitte sind den Seekarten gegenüber arm und roh und spiegeln die Kenntnis der Zeit nur unvollkommen wieder. Und doch ist eine solche ganz allgemeine Bezeichnung wie bahia zu einem Erkennungszeichen für eine ganze Gruppe von Karten geworden. Die bekannte Allerheiligenbai an der Küste Brasiliens, bahia de todos os santos, wurde durch Namensentstellung zu einer Abatia de todos os santos, also zu einer Allerheiligen-Abtei. Es war die mit Waldseemüllers Karten 1513 anhebende deutsche Kosmographie, die diesen merkwürdigen Irrtum beging, der von Schöner weitergepflanzt wurde. (Harrisse, Disc. of N. Am., p. 275.)

Die Landkarten und Globen.

Es verdient besonders hervorgehoben zu werden, dafs in den Ländern, denen wir die Entdeckungen in der Neuen Welt zu allermeist verdanken, eine kosmographische Wissenschaft nicht existierte, dafs in Spanien und Portugal kein Globus entworfen und damals nur sehr selten eine Holzschnittkarte ans Licht getreten ist.

Welche Stellung die neuentdeckten Inseln (denn aus solchen bestand anscheinend das nordamerikanische Gebiet) und das grofse Festland auf beiden Seiten des Äquators einnahmen, wie sie sich zu den bekannten Erdteilen verhielten, ob das neue Land zu Asien in weiterem Sinne zu rechnen sei, ob es überhaupt mit Asien zusammenhänge, oder ob, was wir jetzt Nord- und Südamerika nennen, unter sich im Zusammenhange stehe: alle diese Fragen sind in Deutschland und Italien und weiterhin auch in Frankreich, aber nicht in Spanien und Portugal erörtert. Die verschiedenen Ansichten und Lehrmeinungen traten darüber zutage und beherrschten das allmählich entstehende Bild der Neuen Welt.

Von Italien war die neue Entwickelung der Geographie mit der Wiederbelebung des Ptolemäus ausgegangen, deutsche Astronomen und Mathematiker safsen wieder als begeisterte Schüler zu Füfsen des alten alexandrinischen Geographen. Darum sind auch die ersten gedruckten Karten fast ausnahmslos mit den sich rasch folgenden Ausgaben des Ptolemäus verknüpft. In Genauigkeit der Zeichnung und in dem Reichtum der Namen ragten die italienischen Ausgaben weit über die deutschen hinaus, denn dort wurde der Kupferstich, in Deutschland dagegen der Holzschnitt zur Herstellung der Karten verwendet.

Es war zunächst noch eine vereinzelte Erscheinung, dafs im römischen Ptolemäus (1508) eine Karte der Neuen Welt von Johann Ruysch erschien. Fünf Jahre später bot der Strafsburger Ptolemäus die ersten nördlich von den Alpen nach Seekarten geschnittenen Karten der Neuen Welt. Dazwischen waren aber schon in Holz geschnittene Globen getreten.

Trotz des geringern, sprödern Materials zur Vervielfältigung der Karten gewann doch von Anfang an Deutschland den bestimmtesten Einflufs auf die Vorstellung von den Ländergestalten jenseits des Ozeans und hat auch diesen Einflufs ein halbes Jahrhundert uneingeschränkt geübt.

Der Anlafs dazu war sehr merkwürdig. Eine kleine Vogesenstadt, St.-Dié, der Sitz des lothringischen Herzogs Renatus († 1508), wurde der Vorort für die Entwickelung der Kartographie von Amerika. Portugiesische Seekarten und die Berichte von den vier Schifffahrten Amerigo Vespuccis gaben etwa 1506 den Anstofs. Die an den Herzog gelangten Neuigkeiten wurden im Schofse des Gymnasialkollegiums, zu dem Walther Lud, Ringmann und Waldseemüller gehörten, alsbald gewürdigt und verwertet. Zunächst erschienen die vier Schiffahrten in lateinischer Übersetzung und in Begleitung einer von Martin Waldseemüller verfafsten Cosmographiae introductio, worin der Verfasser 1507 bekanntlich für die Neue Welt den Namen Amerika vorschlug. Zu gleicher Zeit wurde geplant, die ebenfalls an den Herzog gelangten Seekarten zu einer neuen Ptolomäusausgabe zu verwenden. Die Herstellung der Karten wurde in die Hand Waldseemüllers gelegt; aber das Werk erschien nach manchen Hemmnissen erst 1513. Wie sehr diese Ptolemäusausgabe einschlug, ersieht man daraus, dafs 1520 eine zweite Auflage nötig wurde und die Auflagen von 1522 und 1525 Nachbildungen der Karten an demselben Orte und sogar die Ptolemäusausgaben von Lyon (1535) und Wien (1541) die Karten Waldseemüllers wiederbrachten.

St.-Dié aber verlor bald nach dem Wegzuge Waldseemüllers seine Bedeutung, sein Ptolemäus erschien schon in Strafsburg. Auf Strafsburg folgte Nürnberg mit den Schönerschen Globen, und so verbreitete sich das Interesse an den kosmographischen Arbeiten immer weiter über das deutsche Land, um endlich am Ende unseres Zeitraums in den Niederlanden und am Niederrhein seinen Höhepunkt in den Arbeiten Mercators zu finden.

Überblickt man den ganzen Zeitraum, in dem die deutschen Kosmographen die Vorstellungen beherrschen, so lassen sich von 1508—1569 mehrere Typen teils neben-, teils nacheinander zur Geltung gebrachter Darstellung der neuen Länder erkennen. Die Theorien sind schon auf der ersten gedruckten Karte eines Deutschen, Joh. Ruysch, 1508 scharf ausgeprägt und sind auch nicht von Mercator auf seiner grofsen Seefahrerkarte 1569 vermieden.

In dem gegebenen Zeitraum lassen sich 7 Typen unterscheiden:

I. Joh. Ruysch, 1508. Die im nördlichen Amerika bekannten Gebiete Grönland, Labrador und Baccalaos (Neufundland) sind als die Ostküsten von Asien angesehen, deren

2 *

weiterer südlicher Verlauf ganz nach Behaim — Toscanolli gegeben ist. Südamerika hängt damit nicht zusammen.

II. Waldseemüller, 1509. Der „Globustypus" mit dem Namen Amerika. Die Neue Welt gehört nicht zu Asien, sondern besteht aus zwei durch Meere getrennten Teilen. Charakteristisch ist die mittelamerikanische Meerenge. Dieser Auffassung folgen Boulenger, Schöner, der sogen. Leonardo da Vinci und Nordenskiölds Globus (Taf. XXXVII), ferner Apian, Grynäus, Honterus.

III. Amerika bildet eine zusammenhängende Landmasse und liegt in schicklicher Entfernung von Ostasien und Westafrika.

Stobnicza 1512. Waldseemüller 1513.

IV. Nordamerika hängt auf weiter Strecke mit Asien zusammen. Es ist zum Teil eine Anlehnung an den ersten Typus. Nach Harrisse (Disc. of N. Am., p. 284) ist die Idee auf Peter Martyrs Enchiridion (De nuper sub D. Carolo repertis insulis simulque incolarum moribus. Basel 1521) zurückzuführen. Möglicherweise hat schon Joh. Schöner auf seinem verschollenen Globus von 1523 diesen Vorstellungen gehuldigt, wie es zweifellos in seinem opusculum geographicum (Nürnberg 1533) geschehen ist, wo er auf Blatt 12 schreibt: Unde longissimo tractu occidentem versus ab Hispali terra est quae Mexico et Temistitan vocatur, in superiori India, quam priores vocavere Quiusay. Nachweisbar vor Schöners opusculum hat diesen Gedanken der niederländische „Franciscus Monachus" 1526 auf der von ihm entworfenen Hemisphäre . um Ausdruck gebracht. Diese Vorstellung wurde durch Oronce Finé und namentlich durch die italienischen Ptolemäusausgaben (Venedig 1548, 1561, 1562) weiter verbreitet und fand auch in Deutschland lange Zeit Beifall.

V. Nordamerika ist nicht mit Asien verbunden, sondern wird davon durch ein nach Norden immer schmäler werdendes Meer, das nördlich von Amerika sich gegen Osten fast zu einer Strafse verengt, geschieden. Die Westküste Nordamerikas verläuft halbkreisförmig gegen das nördliche Atlantische Meer. Die ehemals inmitten der Neuen Welt geforderte Meeresstrafse ist nach dem Norden verlegt und wird in der Polarregion durch Asien begrenzt, das über ganz Amerika hinweg bis Grönland reicht.

VI. Typus Sebastian Münsters, bei dem der Einflufs der Karten Verrazzanos und Maggiolos im Norden besonders durch den Isthmus südlich von Neufundland sichtbar wird. Südamerika bekommt eine plumpe, phantastische Gestalt.

VII. Nordamerika und Nordasien liegen ostwestlich, nicht nordsüdlich zu einander, wie in V. Eine Meeresstrafse, in der Gestalt und Lage an die Beringsstrafse erinnernd, trennt beide Erdteile und heifst Fretum Anian. Diese Darstellung treffen wir zuerst auf Zaltieris Karte 1566, ihr folgen Mercator 1569 und Ortelius 1570.

Litteratur.

d'Avezac. Martin Hylacomylus Waltzemüller. (Paris 1867.)

H. H. Bancroft. The history of the Pacific states. North West Coast. Vol. I.

Berchet. Portolani esistenti nelle principali biblioteche di Venetia. (Venedig 1866.)

Breusing. Leitfaden durch das Wiegenalter der Kartographie bis zum Jahre 1600. (Frankfurt 1883.)

J. C. Brevoort. Verrazano the navigator. (New York 1874.)
, Notes on the Verrazano map. (Journ. Amer. geogr. Soc. [New York] t. IV, p. 172.)

C. Desimoni. Verschiedene Abhandlungen, die bei den einzelnen Karten erwähnt sind.

C. F. Duro. Verschiedene Abhandlungen über Seekarten in Bolet. soc. geogr. Madrid t. VII, 263; XI, 334; XII, 80, 153, 445; XV, 134; XVII, 230; Bol. Acad. de la historia t. XII, XIII, XV.

L. Gallois. De Orontio Finaeo. (Paris 1890.)
, Le portulan de Nicholas de Canerio. (Extr. Bull. soc. géogr. Lyon 1890.)
, Les géographes Allemands de la renaissance. (Paris 1890.)

Ghillany. Der Ritter Martin Behaim. (Nürnberg 1853.)

Ha luyt Society:
Vol. 7. R. Hackluyt. Divers voyages touching the discovery of America. 1850.
Vol. 9. R. Hackluyt. Discovery and conquest of Terra florida by Don Fernando de Soto. 1851.
Vol. 21. Benzoni. Hist. of the New World. 1541—1556.

Vol. 24. Expeditions into the Valley of the Amazons 1539—1540.
Vol. 28. Expedition of P. de Ursua and L. de Aguirre in search of Eldorado and Omagua 1560—1561.
Vol. 33. Pedro de Cieza. Travels I. 1532—1550.
Vol. 34. Pascual de Andagoya.
Vol. 47. Reports on the discovery of Peru.
Vol. 51. Hans Stade. 1547—1555.
Vol. 52. Magellan.
Vol. 68. Pedro de Cieza. II.

Hamy. Notice sur une mappe monde portugaise de 1502. (Bull. géogr. hist. et descriptive 1886, no. 4.)

H. Harrisse. Notes pour servir à l'histoire, à la bibliographie et à la cartographie de Nouvelle France. (Paris 1872.)

——. Jean et Seb. Cabot. (Paris 1882.) Darin p. 139—252: Notes pour servir à une classification des oeuvres cartographiques de la première moitié du XVIe siècle, concernant l'Amérique septentrionale.

——. The discovery of N. America . . . . with an essay on the early cartography of the New World. (Paris und London 1892.)
    Ausserdem von demselben Verfasser:
    Bibliotheca america vetustissima. (New York 1866.)
    Bibliotheca, additions. (Paris 1872.)
    Les Corte-Real et leurs voyages au nouveau monde. (Paris 1883.)
    Christophe Colomb. (Paris 1884.)

A. v. Humboldt. Über die ältesten Karten des neuen Kontinents in Ghillanys Geschichte M. Behaims. (Nürnberg 1853.)

——. Kritische Untersuchungen über die histor. Entwickelung der geogr. Kenntnisse m. d. neuen Welt. (Berlin 1852—1854.)

Jomard. Monuments de la géographie. (Paris.)

J. G. Kohl. A history of the discovery of Maine. 1869. (Hist. soc. of Maine, Vol. I.) Mit 23 unter Kohls Leitung faksimilierten und lithographierten Karten.

——. Descriptive Catalogue of those maps, charts and surveys, relating to America, which are mentioned in vol. III of Hackluyts great Work. (Washington 1857.)

——. On the plan of a cartographical depot for the history and geogr. of the American Continent. (Smithson. Instit. Annual report for 1856, p. 93—147.)

——. Die beiden ältesten Generalkarten von Amerika, ausgeführt in den Jahren 1527 u. 1529. (Weimar 1860.)

——. Geschichte der Entdeckungsreisen und Schiffahrten zur Magellanstraße. (Zeitschr. d. Ges. f. Erdkunde Berlin 1877.)

K. Kretschmer. Die Entdeckung Amerikas in ihrer Bedeutung für die Geschichte des Weltbildes, mit Atlas. Berlin 1892.

Fr. Kunstmann. Die Entdeckung Amerikas. Mit einem Atlas alter Karten. (München 1859.)

G. de Luca. Carte nautiche del medio evo disegnate in Italia. (Atti dell' Accad. Pontaniana 1866, Neapel 1866.)

J. Lelewel. Géographie du moyen age, accompagnée d'Atlas et de cartes. (Brüssel 1852.)

P. Matkovic. Alte handschriftliche Schifferkarten in der Bibliothek zu Venedig. (Venedig 1863.)

A. E. Nordenskiöld. Facsimile Atlas to the early history of cartography. (Stockholm 1889.)

C. Schmoller. Über einige der ältesten handschriftl. Seekarten. (Sitzber. d. K. A. d. W. in München 2. Dezember 1843. Bd. IV der Abhandlungen S. 247.)

Stevens. Hist. and geogr. notes. (New York 1869.)

Studi biografici e bibliografici sulla storia della geografia in Italia. 2. ed. Vol. II. Mappa mondi, carte nautiche, portolani . . . . per G. Uzielli e P. Amat di S. Filippo. (Rom 1882.)

R. Th. Thomassy. Les papes géogr. et la cartographie du Vatican. (Nouvelles annales des voyages, t. III, p. 268. Paris 1853.)

G. Uzielli (siehe Studi).

E. Uricoechea. Mapoteca colombiana. Coleccion de los titulos de todos los mapas, planos, vistas etc. relativos a la America española, Brasil o Islas adyacentes. (London 1860.)

Fr. Wieser. Magalhães-Straße und Austral-Kontinent auf den Globen des Johannes Schöner. (Innsbruck 1881.)

J. Winsor. Narrative and critical history of America. 8 Vol., mit zahlreichen Kartenkopien und Kartenskizzen. (London 1886—1889.)

——. The Kohl Collection of maps relating to America. Bibliogr. Contributions. N. 19. (Cambridge, Mass., 1886.)

——. A bibliography of Ptolemys geography. Ebenda Nr. 18. (Cambridge, Mass., 1884.)

II. Besonderer Teil.

A. Die wichtigsten Entdeckungsreisen und Kriegszüge von 1492—1670.

1. Christoph Columbus.

Erste Fahrt, vom 3. August 1492 bis 15. März 1493.

Mit drei Schiffen: Sᵃ Maria, Pinta, Niña, und 90 Mann, darunter Juan de la Cosa, Pero Alonso Niño, Martin Alonso Pinzon, Vincente Yañez Pinzon.

Erste Entdeckung am 12. Oktober 1492: Guanahani oder San Salvador, wahrscheinlich Watlings-Insel; Cuba 28. Oktober, Haiti 5. Dezember.

Namen, die Columbus erteilte oder ermittelte:

Buneque (= Jamaika, nach Las Casas vol. 63, p. 52).
Cabo del Becerro.
„ de Caribata.
„ alto y bajo.
„ de Torres.
„ de Sierpe (Haiti).
„ S. Theramo (Suruma).
„ fermoso.
„ del isleo.
„ do l'altnas (Cuba)
„ de Cuba.
„ del Pico (Cuba).
„ de Cumpana (Cuba).
„ lindo (Cuba).
„ del Estrella (Haiti).
„ del Elefante.
„ de Cinquin (Haiti).
„ Belprado (Haiti).
„ de la Tortuga (Haiti).
„ del Angel.
„ redondo.
„ franco.
„ del buen tiempo.

Cabo Tajado.
„ de Padre e hijo.
„ del Enamorado (Cuba).
El Caredo (Haiti).
Cuba.
Guanabani.
Golfo de las flechas.
dos Hermanos (Haiti).
Islas de Arena.
Juana (= Cuba).
Isla de la tortuga (bei Haiti).
Isla Espagnola (einheimisch Bohio oder Caritaba, nach einer Landschaft).
Los Lucayos.
Matinino (Martinique).
La mar de nuestra Señora.
Monte Caritaba (Haiti).
„ Christi (Haiti).
„ de Plata (Haiti).
Puerto de la mar de S. Tomas.
„ del principe (Cuba).
„ de Sᵃ Catalina (Cuba).
„ sacro.
„ santo (Cuba).
„ S. Maria (Haiti).

Puerto de S. Nicolas (Haiti).
„ de la Concepcion (Haiti).
Punta del Hierro.
„ roja.
„ santa.
„ seca.
„ Lanzada.
„ Aguada.
„ Pierna.
„ del Serafin (Cuba).
Rio y puerto de S. Salvador (C   ).
„ de la Luna (Cuba).
„ de Mares (Cuba).
„ del Sol (Cuba).
„ Guadalquibir (Haiti).
„ del Oro.
„ de Gracia.
San Salvador.
Samoeto oder Saometo oder Jumeta = Isabella.
Santo Tomas.
Sᵃ Maria de la Concepcion.
Valle del paraiso (Haiti).
Villa de la Navidad.
Yamaye = Jamaika.

Navarrete, Colecc. 1, 1—166 (II. edit.). — Las Casas 1, cp. 35, p. 261)

2. Christoph Columbus.

Zweite Fahrt, vom 25. September 1493 bis 11. Juni 1496.

Mit 25 Schiffen. Das erste Land war die Insel Desirada (Deseada) am 3. November, Dominica und Marigalante an demselben Tage, Guadelupe 4. November, Monserrat 11. November &c., Jamaika 13. Mai 1494.

Vgl. Navarr. 1, 198 (II. edit.). — Las Casas, lib. I, cp. 44.

Namen (nach Las Casas):

Antigua, Sᵃ Maria de la Antigua.
Angel, Cabo de (Haiti).
Alpha y Omega oder Fin de Oriente (Cuba).
Boriquen oder S. Juan (Puerto rico).
Beata isleta (Haiti).
P. Bueno (Cuba).
Cibao (Provinz Haiti).
Cañas, Rio de las (einheim. Yaqui).
Ciba (Fluss in Haiti).
Cabo de Cruz (Cuba).

Cabo de Cuba (= Alpha y Omega, der einheim. Name Bayatiquiri).
Costeniquim (Fluss in Haiti).
Sᵃ Cruz (einheim. Ay-Ay).
Dominica.
Engaño, C. (Haiti), das Colon auf der ersten Reise C. de S. Rafael nennt (Las Casas vol. 63. 98); aber nach der Beschreibung von Las Casas (vol. 63, p. 222) lag das Cap Engaño an der Südostspitze von Haiti und musste dem Espada Pt. entsprechen.

Española, „que en lengua della y do las comarcanas se llamaba Haiti". Haiti bildete den westlichen Teil der Insel; Bohio und Xamaná waren andere Landschaften.

Evangelista, Insel südlich von Cuba, wahrscheinl. I. de Pinos.

Farol, Cabo de (Haiti).

Grande, Puerto (Cuba).

Guadelupe, „a montis Guadalupi similitudine" (P. Martyr, p. 15 [ed. Colon. 1574]). Madanina nannten die Eingebornen die „grande terre" v. Guadelupe (ibid. p. 17).

Puerto de Gracia, jetzt P° oder Rio do Martin Alonso, wo sich Pinzon befand, als er von Colon entwich (Las Casas).

Hidalgos, P° de los (Haiti).

Hayna, Rio (Haiti).

Juan Baptista, San (= Puerto rico).

Isabella, Stadt auf Haiti.

Jardin de la reyna (südl. v. Cuba).

Miguel, Cabo de S., jetzt Tiburo, Ostspitze von Haiti.

Maria, Sa, Insel im Jardin de da Reyna.

Marigalante.

Monserrate, „perque parece que tenia la figura de las peñas de Monserrate".

Marien, Prov. in Haiti.

Moa, Flufs in Haiti.

Mona, nach der altengl. Insel benannt.

Navidad, puerto de la (Haiti).

Oro, Rio del (einheim. Nicayagua oder Moa).

Redonda, Sa Maria in.

Saonna (Xamana, Landschaft auf Haiti).

Seco, Rio (einheim. Bassicún).

Saona, Insel (einheim. Adamaney). Dieser Name ist von Colon oder seinen Brüdern gegeben.

Toross, San, Fortaleza auf Haiti.

Ursula, Sa.

Once mil Virgines.

Alto Velo, una isla, que parece desde la mar como vela (Las Casas, vol. 63, p. 66).

Xanique, Flufs auf Haiti.

Castello, auf Haiti nach der zweiten Fahrt Colon erbaut:

Castella enim ab Isabella recto itinere ad Sum Dominicum, id est, a septentrione ad meridiem, per incolam haec erexerunt. Vou Isabella ad lapidem sextum et trigesimum, also 36 Millien. Sporanciam arcem condidit. A Speranciae vero ad lapidem 24, divam Cotharinam, a Catharina ad 20 lap. Sum Jacobum arcem, a So Jacobo ad alia 20 Milliaria Turritam condidit munitionem, quam Conceptionem appellavit, quod in radice Cibauorum montium .... Aliam deinde mediam inter Conceptionem et S. Dominicum condidit. (P. Martyr I, cp. 5.)

3. Giovanni Caboto (John Cabot).

Erste Fahrt von Bristol an, Anfang Mai bis Ende Juli 1497.

Mit dem Schiffe Matthew und 18 Mann.

Caboto berührte nach H. Harrisse (Discovery of N. America pl. 1) die Küste von Labrador nördlich der Belle-isle-Strafse und sah somit das Festland von Amerika eher als Columbus. Das erste Land, prima vista, wurde am Johannistage (24. Juni) 1497 gesehen, es war die Insel St. Johann und dahinter die „terra ferma", an der Caboto 300 „ligo", vielleicht bis zum Eingange der Hudsonsstrafse nach Nordwesten segelte, wo er auch die reichen Fischgründe entdeckte. Die von ihm entworfene Karte hat sich nicht erhalten.

Der älteste Chronist für die Fahrt ist Peter Martyr (Dec. III, lib. VI u. Dec. VII), dann Gomara, Hist. de las Indias I, 177, Ramusio I, 374.

Nach der 1544 erschienenen Weltkarte Seb. Cabotos wäre die Landung allerdings weiter südlich erfolgt, und zwar etwa am Cap Percé, an der Nordostküste von C. Breton. Es galt dem Kartographen vermutlich, da seit 1534 die Entdeckungen Jacques Cartiers am Lorenzstrom erfolgten, die englischen Ansprüche auf jene Gebiete zu stützen.

Vgl. H. Harrisse, Jean et Sebast. Cabot. Paris 1882.

Namen:

Baccallaos, tierra de los. — Buena vista, prima vista. — Cabo del Labrador (58° N.). — Terra nova.

4. Giovanni Caboto. (John Cabot.)

Zweite Fahrt, mit fünf Schiffen.

Abfahrt nach dem 1. April 1498, vielleicht erst im Mai, Rückkehr im September.

Über die Ausführung der Fahrt liegen zeitgenössische Berichte nicht vor. Da auf der Karte Juan de la Cosas (1500) an der Ostküste Nordamerikas englische Wimpel gezeichnet sind, so könnte die Fahrt, wie Kohl (Disc. of Maine p. 155) meint, vielleicht bis Cap Cod, oder nicht weit darüber hinaus nach Süden gegangen sein. Nach Harrisse (Disc. of N. Am. p. 1 u. 39) dürfte Caboto sogar Florida erreicht haben. Es ist freilich nicht unmöglich, dafs, wenn nicht das ganze Geschwader, so doch eins der Schiffe bis in die westindischen Gewässer gelangt ist. Thatsache ist es, dafs Hojeda 1499 von der spanischen Regierung den Auftrag bekam, die Engländer, die sich in der neuen Welt des Columbus hatten sehen lassen, zu vertreiben.

Möglicherweise, was mir aber nicht sehr wahrscheinlich ist, müfste die Landzeichnung in den portugiesischen Karten von Cantino (1502) und Canerio nordwestlich von Cuba auf Cabotos Aufnahmen zurückgeführt werden.

5. Christoph Columbus.

Dritte Fahrt, vom 30. Mai 1498 bis 25. November 1500.

Mit drei Schiffen. Am 31. Juli wurde die Insel Trinidad und am 1. August 1498 das Festland von Südamerika am Delta des Orinoko entdeckt. Von hier erstreckte sich die Entdeckung nordwestlich nur bis Cumana und Margarita. Die Karte (pintura de la tierra), die Colon an die spanischen Majestäten sandte, ist verschollen.

Navarr. I, 242 (2. ed.); Las Casas, lib. I, cp. 127 u. 132, u. vol. II, p. 210 u. 226; P. Martyr, Dec. 1, lib. VI; Oviedo, Hist. gen. III, 3.

Von den Namen, die Columbus vorzüglich an der Küste des Festlandes gab (er blieb allerdings nur vom 1. bis 15. August in der Nähe des Landes), haben sich nur wenige im Gebrauch erhalten. Las Casas, vol. II, p. 262, sagt darüber: Finalmente, de todos los nombres, que puso á islas y cabos de la tierra firme que tenia por isla de gracia, no han quedado ni so platican hoy sino la isla de la Trinidad y la boca del Drago, y los testigos y la Margarita. Indessen sind es doch mehr als diese vier; oder sollten sie erst später wieder aufgenommen sein? Ein Vergleich mit den späteren Karten gibt darauf, weil fast alle Originalaufnahmen fehlen, keine bejahende Antwort.

Namen:

Abre el ojo.

Arenal, punta del (Trinidad), jetzt Icacos.

Aguja, punta del (Paria).

Asuncion, isla de la (Pariagolf).

Blanca, Insel bei Margarita.

Ballena, Golfo de la (Westseite von Trinidad).

Bellaforma, hohe Insel (nordöstl. vom Drachenschlund), nach Harrisse, Colomb II, 83: „la presquîle étranglée à la Baie Celeste, qui termine la terre de Paria au nord est".

Boto, Cabo, Nordwestspitze von Trinidad.

Cabañas, Puerto. bei Trinidad.

Catharina, S., Insel bei Haiti.

Carneal, isleta bei Trinidad (= Chaca chacane, Harrisse, Colomb II, 85).

Cubagua, Insel.

Cumana (regiuncula, nach Martyr p. 76).

Curiana (regio, ebenda).

Delfin, isleta bei Trinidad (= Mono, nach Harrisse, Colomb II, 85).

Drago, boca del.

Conchas, Cabo de, am Pariagolfe.

Conception, isla, am Pariagolfe.

Coche, Insel bei Margarita.

Gatos, puerto de (Trinidad).

Galea, Cabo de la (= Galeota), Südostspitze von Trinidad.

Gracia, isla oder tierra de (Festland an der Mündung des Orinoko).

Las Guardias, Inseln bei Margarita.

Jardines (Südküste Parias).

Isabella, Insel (Südküste Parias).

Llana, punta.

Lapa, Cabo de, bei Trinidad.

Luengo, Cabo (Paria).

Manacapana (regiuncula, Martyr 76).

Margarita, Insel.

el Martinet, bei Margarita.

Nueva, isla, vor der Stadt S. Domingo.

Playa, punta de la, gegenüber von Trinidad.

Perlas, golfo de las (Pariagolf).

Paria, pueblo de.

el Romero, Insel, bei den Testigos.

Rico, Cabo (Paria).

I'a Sara.

I'a Seca.

Santa, isla, Festland an der Orinokomündung.

Sierpe, boca de la, bei Trinidad.

Saleta, Insel, westl. von Aguja.

Sabor, Cabo (Paria).

Trinidad, isla de la.

Tramontana, Insel an der Küste von Südamerika.

los Testigos, drei Inselchen.

Yuyapuri (= Orinoko).

6. Alonso de Hojeda.

Vom 20. Mai 1499 bis Ende Juni 1500 oder bis April 1500.

Vier Schiffe, mit Juan de la Cosa und Vespucci als Kaufmann, „por mercader", wie Herrera (I lib. IV, p. 125. 1601) sagt. Cosa hatte Colons erste Reise, Hojeda dessen zweite Reise mitgemacht.

Der Bischof Fonseca teilte seinem Neffen Hojeda die Karte und den Bericht mit, den Colon von seiner dritten Reise 1498 eingeschickt hatte, und Hojeda beschloß, die Entdeckung von Trinidad südwärts weiter zu fördern.

Wenn Amerigo Vespucci später in seinen vier Schifffahrten behauptete, er sei am 20. Mai 1497 von Cadiz ausgefahren, so erklärt Las Casas das an mehreren Stellen als absichtliche Fälschung, um sich dadurch das Verdienst Colons, das Festland von Südamerika zuerst gesehen zu haben, anzumaßen (vgl. Las Casas, vol. II, 273 u. 39).

Man erreichte die Küste der Guyana unter 3° N. und ging dann nordwestwärts an der Nordküste Südamerikas entlang bis zum Cabo de la Vela, von wo die Schiffe sich am 30. August nach Haiti wandten.

Las Casas, vol. II, p. 268 u. 389. — Oviedo III, cp. 3.

Namen:

Aldea veneida, später Ensenada de Coxxario.	Centinela, el farallon.	Cabo Isleos, später C. Codera.
S. Bartolomé, lago y puerto, am Golf von Venezuela, jetzt Laguna von Maracaibo.	Coquibacoa, Golf u. Landschaft.	S. Roman, Cabo de, ö-tl. vom Maracaibsee.
Cutiaro, Golfo de.	Curazao, Isla ~ Gigantes.	Vela, Cabo de la.
	Dulce, rio (~ Esequibo).	Venezia, Golfo de.
	Gigantes, Islas de los (~ Curaçao).	Venezuela.
	Flechado, puerto (~ Chichiriviehi).	
	Frailes, los.	

7. Peralonso Niño und Cristóbal Guerra.

Vom Juni 1499 bis April 1500.

Ein Schiff. Niño hatte die zweite und dritte Fahrt Colons mitgemacht.

Sie landeten am Orinokodelta, gingen nordwestlich, zwei Längengrade weiter nach Westen als Columbus, aber ohne besondere neue Entdeckungen zu machen.

Las Casas, vol. II, p. 435. — Grynaeus, Novus Orbis 1532, p. 117. — Navarr. III, 11 u. 513.

8. Vicente Yañez Pinzon.

Vom 18. November 1499 bis 30. September 1500.

Vier Schiffe. Mit seinem Neffen Arias Perez Pinzon und den Piloten Juan de Umbria und Juan de Jerez. In den amerikanischen Gewässern die erste Fahrt über den Äquator. sah am 20. Januar Land unter 8° S. Br., nahe dem Kap Augustin, das damals auch noch Sᵃ Cruz und Sᵃ Maria de la Consolacion genannt wurde. Von hier ging die Fahrt nordwestlich am Marañon vorbei, durch den Drachenschlund nach Haiti und von dort zu den Bahamainseln Jumeto oder Saometo und zu den ojos de la Babura, wo auf den Riffen zwei Schiffe zugrunde gingen.

Navarr. III, 547. — P. Martyr IX, p. 119.

9. Diego de Lepe.

Von Ende Dezember 1499 bis Juni (?) 1500.

Zwei Schiffe; auf dem ersten war Juan Rodriguez der Pilot, das zweite befehligte Velez de Mendoza, der nachweisbar am 5. Juni 1500 wieder in Sevilla war.

Sie gingen von den Kapverdischen Inseln aus über den Ozean, folgten der Fahrt Pinzons, berührten in Brasilien zuerst eine Bucht, die Sᵃ Julia (16. Februar) genannt wurde, südlich vom Kap Augustin, das den Namen Rostro hermoso erhielt, doublierten dieses Kap und gingen am Amazonenstrom nach Nordwesten.

Das Kap S. Augustin ist der erste Punkt in der Neuen Welt, dessen Lage man wegen der Demarkationslinie astronomisch genau zu bestimmen suchte. Juan Vespucci sagte später aus, sein Oheim Amerigo Vespucci sei zweimal an diesem Kap gewesen, „e a'li tomó el altura" (Navarr. III, 319). Wichtig war auch die Wahrnehmung, dafs, vom Kap Augustin aus, die Küste der ~nenen Tierra firme" nach Südwesten verlief. Die Karte de Lepes ist leider verloren gegangen. Nur aus den gerichtlichen Aussagen Arias Perez Pinzons (Navarr. III, 555) wissen wir, dafs Alonso Velez de Mendoza, dem er den Vornamen Francisco gibt, diese Fahrt mitmachte. Die Reise ging sehr rasch von statten, da Alonso Velez am 5. Juni 1500 bereits wieder über eine neue Expedition in Spanien verhandelte.

Las Casas, vol. II, 442 u. 453. — Navarr. III, 23 und 553.

10. Pedralvarez Cabral.

Am 9. März von Lissabon mit 13 Schiffen nach Indien, entdeckte zufällig am 22. April die Küste Brasiliens unter 17° S. Br. und benannte das Land Monte Paschoal (Pascoal) zur Erinnerung an das am 19. April begangene Osterfest. Unter stürmischem Wetter

nordwärts zum Hafen Porto Seguro (16° 26′ S. Br.). Am 3. Mai, dem Tage der Kreuz-
erhöhung, wurde das Land Ilha da vera Cruz genannt. Kapitän Gaspar de Lemos wurde
von Cabral mit der Meldung der Entdeckung nach Portugal entsendet, worauf König
Manuel denselben noch einmal zur weitern Erforschung des Landes ausschickte.

Vgl. Brief des die Expedition Cabrals begleitenden Notars Pero Vaz de Caminha an
König Manuel.

Auszüge daraus bei Varnhagen, Hist. geral do Brazil; p. 14 vollständig abgedruckt in
Corografia brasiliana, Tom. 1, p. 12. Lissabon 1817.

Ramusio I, p. 132. Navigation del Capitan Pedro Alvarez, scritta per un pilotto
portoghese. Navarr. III, 94.

II. Gaspar und Miguel Cortereal.

Vom Mai bis Dezember 1500.

Gaspar C. ging 1500 mit einem Schiffe von Lissabon ab (Damian de Goes), mit
zwei Schiffen (Ant. Galvam), kam unter 50° N. an die Küste (Galvam) und entdeckte in
sehr kalter Gegend ein Waldland, „terra verde" (Goes).

Vgl. Harrisse, Cortereal, p. 151. Paris 1883. — Dors., Disc. of N. Am., p. 59.

Cortereal berührte vermutlich Labrador und Neufundland.

12. Rodrigo de Bastidas und Juan de la Cosa.

Vom Oktober 1500 bis September 1502.

Zwei Schiffe, mit den Piloten Andres de Morales und Juan Rodriguez, sahen zuerst
die Isla verde zwischen Guadelupe und Tierra firme, fuhren an der Nordküste Südamerikas
über die bisherige Grenze Cabo de la Vela hinaus nach Westen 150 leguas weit, drangen
über den Golf von Darien bis zum Cabo San Blas an der Landenge von Panama vor und
endigten ihre Fahrt erst unter 10° N. im Puerto del Retrete oder de Escribanos (Bastidas
war escribano de Sevilla). Auf dem Rückwege fanden sie zwischen Jamaica und Haiti die
kleine Insel Contramaestre.

Namen:

Bara, isla de.	Cartagena, puerto de.	Galera, puerto de.	Tiburon.
S. Bernardo, islas de.	Cispata, puerto de.	Sa Marta.	la Tortuguilla.
S. Blas, Cabo.	Darien.	Magdalena, Rio de la.	Uraba.
Canongia, Cabo de.	Escribanos, puerto de.	Retrete, puerto de.	Zamba, puerto de.
Caribana, Punta.	Fuerte, isla.	Sinu, Rio oder Cenu.	

Vgl. Navarr. III, 25. — Oviedo, vol. 1, p. 76 (lib. III, cp. 9).

13. Gaspar und Mig. Cortereal.

Zweite Entdeckung. Vom 15. Mai 1501 bis 8. Oktober 1501, wo ein Schiff von
den drei ausgegangenen zurückkam; am 11. Oktober kam das zweite Schiff; das dritte, mit
Gaspar an Bord, kam nicht zurück. Sie befuhren Neufundland, Labrador und kamen vielleicht an die Südspitze Grönlands, die Ponta de Asia benannt wurde.

14. Amerigo Vespucci.

Zweite (?) Fahrt. Der Kapitän wird nicht genannt. Kohl (Generalkarten, S. 25)
vermutet, dass Christovão Jaques der Leiter des Geschwaders von drei Schiffen gewesen
sei, das Cabrals Entdeckung weiter verfolgen sollte. G. Correa (Lendas da India I, 152)
nennt André Gonçales.

Im Mai von Lissabon ab und im September 1502 zurück. Vespucci traf am Grünen
Vorgebirge mit der von Indien zurückkehrenden Flotte Cabrals zusammen. Am 7. August
wurde die Küste Brasiliens erreicht und bis zum 15. Februar 1502 gegen Süden, bis
Cananea (25° S. Br.) verfolgt. Dass Vespucci gegen Süden bis zu 50 oder 52° S. Br.

gekommen sei, wie er selbst behauptet, ist nicht erweislich. Canerios Karte, 1502, beruht auf Vespuccis Aufnahmen, und nach ähnlichen Vorlagen ist auch Waldseemüllers Karte im Ptolemäus 1513 gearbeitet. Hierauf beruht wieder Schöners Darstellung.

Nach Harrisse (Disc. of N. Am., p. 335) läßt sich auf diesen Karten der Verlauf von Vespuccis Reise folgendermaßen festlegen, nach den heiligen Tagen, die zur Ortsbenennung verwandt wurden:

S. Rocho (Canerio, Waldseemüller) . . 16. August.		H. de Virgine (Canerio, S.) . . . . 21. Oktober.
H. de S. (K) Iesu (dieselben) . . . . 18. August.		H. de S. Lucia (Canerio, W., S.) . . . 13. Dezember.
H. de S. Augustin (Caner., Walds.,Schöner) 28. August.		Serra de S. Thomä (Canerio, W., S.) . 21. Dezember.
H. de Jacinto (Schöner) . . . . . . 11. September.		Baia de Heis (Canerio, S.) . . . . 6. Januar.
San Miguel (Cantino, Canerio, W., S.) . 29. September.		H. de S. Antonio (Canerio, W., S.) . . 7. Januar.
H. de S. Jeronymo (Canerio, S.) . . . 30. September.		H. de S. Sebastian (Canerio, W., S.) . 20. Januar.
H. de S. Francisco (Cantino, W., S.) . 4. Oktober.		P. de S. Vicentio (Canerio, W., S.) . . 22. Januar.

Vgl. Navarr. III, 310. Lettera di Amerigo Vespucci in Bibl. Amer. vetust. no. 87. Cosmographiae Introductio.

15. Hojeda.

Zweite Reise, vom Januar 1502 bis Januar 1503.

Vier Schiffe, mit Juan de Vergara und Garcia de Ocampo. Zum Paragolf und von da weiter an der Nordküste entlang; am 14. März am C. Lazaro, das nach dem Heiligen des Tages benannt wurde (?) (Navarr. III, 104); aber der Lazarustag fällt auf den 7. Dezember. Das ganze Geschwader ging westwärts zum Puerto de Sa Cruz (jetzt Bahia honda) und ging von da nach Haiti.

16. Christoph Columbus.

Vierte Reise, vom 11. Mai 1502 bis 7. November 1504. Drei Schiffe: Santiago de Palos unter Diego Tristan, Viscaina unter dem Genuesen Ficschi und Gallega unter Pedro de Torreros. Am 15. Juni sahen sie die erste Insel Matinino. Von hier über Haiti nach der Ostküste von Yukatan, zur Insel Guanaja und von da an der Küste Mittelamerikas, eine Wasserstraße nach den Gewürzländern suchend, bis zur Landenge von Panama und von hier nach Jamaika, wo Columbus die nicht mehr seetüchtigen Schiffe auf den Strand laufen ließ. Auf fremden Schiffen nach Europa zurück.

Namen:

Aburema bei (Laguna von Chiriqui).
Azaburo, Provinz bei Cariay.
Barrias, islas, bei Darien.
Bastimentos, Pto de.
Belen, Pto de Sa Maria de.
Carambaru, Provinz == Cerabaro.
Cariay, Provinz an der Moskitoküste.
Cativa, Provinz.
Caxinas, Pta de (Pto de Trujillo ?).
Cobraba, Provinz bei Veragua.
Gordo, Pto.
Gracias à dios (14. September 1502).
Guanaja, kl. Insel, liegt frontero de la bahia de Caxina

(Navarr. III, 557). El Almirante nombro de Pinos, sagte später der Pilot Pedro de Ledesma aus (Navarr. III, 556).
Guyga, Rio (Rio de Veragua).
Kiebra, Rio == Yebra.
Matinino.
Tierra de Maya (== Yukatan).
Portobelo (== Belpuerto).
Possesion, Rio de la (== H. Tinto).
Retrete, Pto del (== Pto Escribano).
Urura, Provinz.
Veragua, rio de,
Yebra == Kiebra.

17. Juan Bermudez. 1502.

Fünf Schiffe; entdeckt die Bermudas-Inseln.
(Harrisse, Disc. of N. Am. p. 691.)

18. Gonçalo Coelho.

Am 10. Juni 1503 ab von Lissabon. Sechs Schiffe, nach Brasilien.
Goes, Chronica do Rey Emmanuel cp. CXV, p. 170.

19. Seit 1504 fuhren Bretonen, Basken und Normannen zum Fischfang nach Neufundland und den Nachbarküsten; daher die Benennung „Kap Breton". Daß Neu-

fundland nicht eine Inselgruppe, sondern eine grofse Insel sei, wurde erst sehr spät
erkannt.

20. Jean Denis

von Honfleur, 1506, mit seinem Piloten Camart von Rouen nahm zuerst die Küsten von
Neufundland auf.

21. Juan Diaz de Solis und Vincente Yañez Pinzon.

29. Juni 1508 bis 14. November 1509. Pilot Pedro de Ledesma. Sie steuerten
zuerst nach der Küste von Honduras, nach Guanaja länffber, gingen von da bis zur Landschaft Camaronu und weiter bis zu den Sierras de Caria (Navarr. III, 558), wandten sich
dann nach Südamerika und gingen vom Kap S. Augustin südwärts bis zum Laplata-Strom
oder gar bis zum Rio Colorado, 40° S. Br. (nach Kohl).

Vgl. Zeitung aus dem Presilgland, Navarr. III, 47, und Schöners Globus 1515.

22. Sebastian de Ocampo. 1508.

Zwei Schiffe. Ocampo umsegelte auf Befehl Ovandos, des Gouverneurs von Haiti,
Westcuba mit dem Kap San Antonio, einheimisch Aguanigaanigo.

Herrera II, lib. III, cp. 1. — Las Casas, vol. III, p. 209.

23. Juan Ponce de Leon.

Vom 3. März bis 21. September 1513. Pilot Anton de Alaminos aus Palos; drei
Schiffe, von Puertorico aus, steuerten durch die Bahama-Inseln nach Florida, kamen am
8. März zu den Untiefen von Babueca (22½° N. Br.), dann zu den Inseln Caicos, Yaguna,
Amaguayo und Manigua, berührten am 11. März Guanahani und fanden am Ostertage,
27. März, das Festland von Florida (Pascua de flores), hielten es aber für eine Insel und
gingen dann bis zum 2. April gegen Nordosten am Lande hin, angeblich bis zum 30.° N. Br.
Die Indianer nannten das Land Cautio. Dann kehrte man um, doblierte das Kap Florida,
das Cap de Corrientes benannt wurde, und lief wahrscheinlich in die Tampabai ein. Nun
zurück nach Bimini und Bahama, wo sie den Piloten Diego Miruelostrafen, der von Haiti
aus mit einer Barke auf Abenteuer ausging. Gegen Ende September wieder in Puertorico.

Schon frühzeitig ist behauptet, dafs nicht Ponce, sondern Caboto der Entdecker von
Florida sei. „Floridam, qui primus invenerit, inter scriptores ambigitur. Hispani . . . . .
gloriam Joanni Pontio Legionensi deferunt; verum, quod et curtius est, plerique affirmant,
jam ante Sebast. Cabotum . . . . primum in eam Indiarum provinciam venisse". (De Thou,
Historia . . . . peris. 1609, lib. XCIV.) Statt Sebastian müfste allerdings Giovanni Caboto genannt werden; der Sohn hat sich später manche Verdienste des Vaters an-
gerechnet.

Namen:

Achecamboy-Insel.	Chequescha.	los Martires, Inseln.
Bahama-Insel.	Cruz, Rio de la.	Matança-Insel.
Bimini-Insel.	Florida.	Pola, la.
Cañaveral, Cabo de.	Guanima.	las tortugas, Inseln.
Cautio (Cantio ?).	Marta, Sa.	Vi ja, islas de la.

Navarr. III, 80. — Herrera I, 10. 9, cap. X, p. 302 der Ausgabe v a 1601. — H. Harrisse, Discov. of
N. Am, p. 142, 801.

24. Vasco Nuñez Balboa. 1513.

Brach am 1. September d. J. von Antigua an der Landenge von Panama auf, zog
durch Careta und sah am 25. September die Südsee den Golf von S. Miguel.

Die Entdeckung der Südsee war von grofsem Einflufs auf die Kartographie, sie

bereitete die Auffassung vor, dafs Südamerika ein selbständiger Erdteil sei. Nordamerika
dagegen wurde 13 Jahre später mit Asien verknüpft.
P. Martyr, Dec. II, 4, p. 112—180, 205—237; Dec. III, p. 256—271.

25. Juan Diaz de Solis.

8. Oktober 1515 mit drei Schiffen nach Brasilien, Cap Frio, und von da zum La
Plata, an dessen Ufer Solis erschlagen wurde. Die Schiffe kehrten am 4. Septbr. 1516
zurück. An der Mündung des La Plata hatte man gehofft, die schon lange gesuchte
Strafse nach den Gewürzländern zu finden. Solis nannte den Flufs Rio de S^a Maria, nach
seinem Tode hiefs dieser Rio de Solis, und seit 1526 kam der Name Rio de prata auf.
Auf den Karten findet er sich, soweit ich es habe ermitteln können, zuerst 1541 bei
Mercator und Desliens.

Namen:

Candelaria, P^o de Nv^a Sr^a de la.	Maria, Rio de S^a (= La Plata).
Corrientes, C. de los.	Martin Gracia, Isla.
Frio, C.	Navidad, C.
Genero, Rio.	La Plata, Insel.
Innocentes, bahia de los, und Rio (23° 15' S. Br.).	Perdidos, bahia de los (27° S. Br.).
Lobos, Isla de los (35° S. Br.).	San Sebastian de Cadiz.

26. Gonzalo de Badajoz

fuhr 1516 von Darien nach Nombre de Dios und drang ins Land nach Chiru und Nata
vor. (Navarr. III, 408.)

27. Diego Miruelo

ging 1516 von Cuba zum Handel nach der Westküste von Florida und entdeckte eine
Bucht, die, wie Oviedo (Hist. gen., ed. Madrid, II, 143) behauptet, auf spanischen Karten
nach Miruelo benannt sein soll; aber der Name läfst sich auf den noch vorhandenen Karten
nicht nachweisen. Der Ort mufs westlich von der Apalacheebai liegen.
Winsor, Hist. of Amer. II, 236.

28. Francisco Hernandez de Córdoba.

8. Februar 1517 von Cuba. Drei Schiffe, Pilot Anton Alaminos, ausgesandt von
Diego Velasquez, der seit 1511 Statthalter in Cuba war.
Landung an der Punta de las Mugeres südlich vom Kap Catoche nach einer Fahrt von
21 Tagen. Unfern lag der Ort „Gran Cairo". Kap Catoche erhielt seinen Namen daher,
dafs die Eingebornen riefen: conex catoche (von escatoch), was nach Bernal Diaz hiefs:
„komm mit in mein Haus dort!" Weiter ging die Fahrt um Yukatan herum nach Cam-
peche, einem Indianerdorfe Namens Quimpech, das von den Spaniern San Lazaro genannt
wurde, weiter zum Dorfe Potonchan (= Champoton) und der Bahia de mala pelea (nach
einem unglücklichen Gefechte genannt). Von dem Estero de los lagartos, einer der drei
Mündungen eines Flusses, kehrte die Expedition über Florida nach Cuba zurück. Wir
hielten, sagt Bernal Diaz (l. cap. 3), das Land (Yukatan) für eine Insel, weil es der
Steuermann Anton de Alaminos behauptete. (Navarr. III, 53.)

29. Gaspar de Espinosa. 1517.

Drei Schiffe, Pilot Juan de Castañeda, vom Golfo von Panama nordwärts bis zum
Nicoyagolf. Entdeckung der Halbinsel Parita, der Insel Coiba, der Punta Burica, des
Golfs de Osa (G. dulce). (Herrera II, III, X. — Oviedo, lib. XXIX, cp. 13 u. 14.)

30. Juan de Grijalva.

8. April 1518 bis 9. Oktober 1518. Vier Schiffe, Pilot Anton Alaminos, von
Velasquez abgesandt, segelten am 8. April von St. Jago de Cuba ab, sahen am 3. Mai die

Insel Cozumel, die sie nach dem Tage der Kreuzeserfindung S^a Cruz nannten, entdeckten am Himmelfahrtstage, 13. Mai, die Bahia de la Ascension, am 31. Mai den Puerto descado, dessen Einfahrt Alaminos für eine Meeresstrafse hielt und später Boca de Terminos nannte, 18° N. Br. und weiterhin die isla de Catoche, die östliche Spitze von Yukatan. Am 9. Juni erreichte man den Rio Grijalva, jetzt Rio Tabasco, den Rio Guazacualcos (Rio de Alvarado), und nun erblickte der Soldat San Martin zuerst die hohen Schneegebirge Mexikos, weshalb man das Gebirge nach ihm Sierra de S. Martin nannte. Während man Yukatan für eine Insel hielt und S^a Maria de los remedios nannte, erkannte man nun in der Nähe des heutigen Vera Cruz, dafs man eine tierra firme vor sich habe, die den Namen San Juan bekam. Am 19. Juni ging Alvarado mit einem Schiffe und den Kranken nach Cuba zurück; Grijalva verfolgte die Küste noch weiter nordwärts bis nach Tampico, bis zum Rio Panuco, und wandte sich dann erst nach Cuba zurück. Erst nach dieser Fahrt befestigte sich die Vorstellung von einem nordamerikanischen Festlande und bekam auch auf den Karten die entsprechende Darstellung, während bis dahin Neufundland und Labrador, Florida und Yukatan für einzelne Inseln angesehen waren.

Namen:

Alvarado, Rio de.	Grijalva, Rio.	Sacrificios, isla de los.
San Antonio, Puerto de.	Guazacualcos, Rio.	Tabasco, Rio.
Ascension, bahia de la.	S. Juan, Provincia de.	Terminos, boca de.
Cozumel.	S. Maria de los remedios.	Tuspan.
S. Cruz, isla de.	S. Martin, sierra de.	Villarica, puerto de.
Descado, P°.	Panuco, Rio de.	

31. Alonso Alvarez de Pineda (Pinedo).

Februar oder März 1519 bis Oktober 1819. Vier Schiffe, abgesandt von Francisco Garay, seit 1516 Statthalter von Jamaika, eine Meerenge zwischen dem von Grijalva entdeckten Festlande und der Insel Florida zu suchen. Als Pilot ging Diego Mirnelo mit. Die Erforschung begann an der Westgrenze der Entdeckung Juan Ponces und erstreckte sich von da nach Westen an der ganzen Nordküste des Mexikanischen Golfes entlang bis über Tampico hinaus, bis zum 21.° N. Br. Nur die Apalacheebai wurde noch nicht untersucht. Der Mississippi erhielt den Namen Rio del Espiritu Santo; in Mexiko stiefs man mit den Leuten von Cortes zusammen. Die Kartenskizze, die Navarrete (III, 148) mitteilt, darf als eine Kopie der Karte Pinedos angesehen werden. Die Anfangs- und Endpunkte der Entdeckungspunkte sind bezeichnet, z. B. Desde aqui comenzo a descubrir Francisco Garay. Pinedos Fahrt ist auch auf Riberos Karte (1529) wohl zu erkennen.

Navarr. III, 147. — Harrisse, Disc. of N. Am., p. 163.

32. Hernan Cortes.

1519 von Cuba aus. Eroberung Mexikos. Cortes drang am 16. August von der Küste ins Innere, war am 23. September in Tlascala, 8. November in Mexiko; 13. August 1521 Eroberung der ... dt. 15. Oktober 1522 als Statthalter bestätigt.

Cortes hörte schon 1520 von einem südlichen Meere, 1522 kamen seine Boten an den Grofsen Ozean.

Seine Versuche, die angebliche mittelamerikanische Meerenge zu finden, führten ihn zuerst nach Telnantepek. In Zacatula wurden 1523/24 für Erforschung der westlichen Küsten Schiffe gebaut, 1523 Olid zur See auf der Ostseite nach Honduras gesandt; Alvarado ging zu Lande nach Guatemala, und Cortes selbst folgte ihm, am Petensee vorbei, nach Honduras.

Vgl. Col. de doc. ined. para la hist. de España, vol. I—I. Harrisse, Bibl. Am. Vetust., p. 20? Winsor, Hist. of Am. II, 192.

33. Antonio de Alaminos,

16. Juli 1519 von Vera Cruz über Cuba durch den Bahamakanal nach Spanien segelnd, war der erste, der diesen kurzen Weg mittels Golfstrom einschlug.

Harrisse, Disc. of N. Am., p. 189.

34. F. Magalhaes.

20. September 1519 von S. Lucar ab. Fünf Schiffe. Unter den Piloten Andres de S. Martin und Estevan Gomez. Am 10. Januar 1520 am Cabo de S^a Maria an der Mündung des La Plata, westlich vom Cap das Monte vidi. Am 7. Februar Cabo de S. Antonio (= C. Blanco), 8. Februar C. de S^a Polonia, 24. Februar Bahia do S. Matias, 27. Februar Bahia de los Patos, 31. März Puerto de S. Julian, Überwinterung bis 24. August; 26. September Rio de S^a Cruz, 21. Oktober Cabo de las Virgines am Eingang der Magalhäesstrafse, die damals Estrecho de todos os santos benannt wurde. Weiter wurden benannt Cabo Victoria, Cabo Deseado, Tierra del fuego und Mar Pacifico. Am 27. Novbr. 1520 verliefs Magalhaes die Gestade Amerikas und steuerte mit drei Schiffen über den Grofsen Ozean nach den Molukken.

Vgl. Navarr. IV. Anton Pigafetta, Navigation et descouvroment de la Indie superieure faiote par moi Antoine Pigafete. Manuskr. i. d. Nationalbibl. zu Paris. Primo viaggio intorno al globo torracqueo. Mailand 1800. — Hugues, Giornale di viaggio di un Piloto genovese in Atti dell soc. lig. de stor. patria, vol. XV. Genua 1881, p. 5—104.

35. Lucas Vasquez de Ayllon

sandte 1520 ein Schiff unter Francisco Gordillo und dem Piloten Alonso Fernandez Sotil an die Ostküste von Nordamerika. Sie erreichten die Mündung eines grofsen Flusses, den sie nach dem Johannistage 1521 San Juan Baptista nannten, angeblich in 33½° N. Br. Gordillo besetzte das Land im Namen Ayllons, licenciado in S. Domingo.

Winsor, Hist. of Amer. II, 238 (Ancient Florida von J. G. Shea).

36. Joam Alvares Fagundes

erhielt am 10. März 1521 vom König Manuel von Portugal ein Patent auf die von ihm am Lorenzgolf (baya d'Angnado) entdeckten Länder und Inseln, worunter auch Kap Breton und Neuschottland zu verstehen sind. (Vgl. II. Harrisse, Disc. of N. Am., p. 182 und Pl. IX.)

Die hier namhaft gemachten Orte, die Inseln Sam Joam, Sam Pedro, Santa Ana und Santo Antonio, der Archipel de San Pantelion und die ilha de pitiguoem, sowie der Archipel der 11000 Jungfrauen und die Insel S^a Cruz kommen teilweise auf der Karte Maggiolos 1527 zuerst vor und teilweise bei Verrazzano 1529. Dadurch wird Fagundes' Fahrt festgelegt, ohne dafs man über sie andre Vermutung als über die Tage der Entdeckung machen könnte, nämlich:

S. Joam . . . . am 24. Juni		S. Pedro . . . . am 1. August
S^a Ana . . . . „ 26. Juni		S^a Cruz . . . . „ 14. September
S. Antonio . . . . „ 13. Juli		Archipel der 11000 Jungfrauen . „ 21. Oktober.
S. Pantelion . . . . „ 27. Juli		

37. Gil Gonzales de Avila.

21. Januar bis 23. Juni 1522. Vier Schiffe mit Pilot Andres Niño gingen von den Perlen-Inseln bei Panama ab und segelten 100 Leg. an der Küste nordwärts zuerst bis zum Nicoyagolfe, von wo Gonzales zu Lande an den Nikaragua-See vordrang, während Niño inzwischen die pazifische Küste noch über die Fonsecabai hinaus aufnahm. Durch Gonzales erfolgte die erste Aufnahme des Nikaragua-Sees.

Harrisse, Disc. of N. Am., p. 537. — Itinerario y cuentas de Gil Gonzales d'Avila por il tesorero Andres de Cereceda in M. de Peralta, Costarica, Nicaragua y Panama (Madrid 1883), p. 27. — Col. de doc. ined. rel. al descubr. VIII, p. 17 (Madrid 1867).

38. Cortes

sucht nach einer mittelamerikanischen Meerenge 1524.

Pedro de Alvarado brach im Dezember 1523 von Mexiko auf und ging an der pazifischen Seite durch Guatemala bis nach San Salvador, das 1525 gegründet wurde.

Cristóval de Olid wurde nebst Hurtado de Mendoza am 11. Januar 1524 zu Schiff von Vera Cruz ausgesandt nach Honduras, Mendoza sollte bis nach Darien hin die Meerenge suchen. Diese Fahrt unterblieb, weil Olid sich von Cortes lossagte.

Cortes selbst brach im Oktober 1524 mit einem Heere auf und zog an der Ostseite, von Vera Cruz nach Honduras, wohin er am 15. April 1525 gelangte.

Als Cortes sich von Montezuma die grofse Küstenkarte des Reiches verschafft hatte, glaubten die spanischen Piloten in der Nähe des Coazacoalcos die Meerenge suchen zu müssen. Dann fafste man die Bahia de la Ascension an der Ostseite Yukatans ins Auge, „como porque hay opinion de muchas pilotos, que por aquella bahia solo estrecho á la otra mar" (Col. de doc. ined. rel. al desembr. XIII, p. 62). Später suchte Cortes die Strafse zwischen dem Rio Panuco und Florida. Auch von der Westküste sandte er später Schiffe aus, um sie zu suchen. Diese Meerenge spielte lange Zeit auf den amerikanischen Karten eine grofse Rolle.

39. Giovanni Verrazzano.

17. Januar 1524 mit einem Schiff von Madeira aus im Auftrage Frankreichs über den Ozean. 7. März Land in der Nähe des heutigen Wilmington bei Kap Fear, 34° N. Br., von hier nordwärts bis Neufundland, am 8. Juli 1524 wieder in Dieppe. Zweck: Seeweg nach Katai zu finden. Die Ergebnisse der Reise finden sich in den Karten von Maggiolo 1527 und Verrazzano 1529. Die Chesapeakbai ist nicht gesehen. Die „grandissima fiumara" Verrazanos wird auf den breiten Eingang zum Hafen von New York gedeutet, der „bellissino lago" auf den innern Hafen der Stadt. Die Isla Luisa heifst jetzt Martha's Vineyard. Louise von Savoyen, die Mutter Franz I., war 1524 Regentin. Seit Mercators Karte, 1569, machte man aus Luisa auf den Karten eine Claudia-Insel. Der weiter westlich liegende „bellissimo porto" wird Newport sein.

P. Martyr, Op. epist. 1670, No. 771, 779, 800. — Murphy. The voyage of Verrazzano. New York 1875. — C. Desimoni, Il viaggio di G. Verrazzano. Florenz 1877. — Derselbe, Intorno al Florent. G. Verrazzano. Genua 1881 und 1882. — de Costa, Verrazano the Explorer. New York 1880. — Lechner, Verrazano (i. Globus 1890, Nr. 8—10). — H. Harrisse, Disc. of N. Am., p. 211.

40. Estevan Gomez.

Im Februar 1525 von Coruña, zurück im November; ein Schiff, die Strafse nach China zwischen Neufundland und Florida zu suchen, „iter ad Cataium inter Bacalaos et Floridam se reperturum inquit" (P. Martyr, Dec. VI, ep. 10). Gomez fuhr an der Küste von Norden nach Süden, bis 38° 41' N. Br. Neu-England, das er genauer aufnahm, erhielt bei den spanischen Kartographen den Namen Gomezland. Über Westindien kehrte er heim. Seine Entdeckungen sind auf Riberos Karte, 1529, verzeichnet. Sein Rio S. Antonio ist der Hudson, die Bahia S. Cristóval der Delaware, das Cabo de Arenas das Kap Henlopen unter 38° 41' N. Br., wo wahrscheinlich die Küstenfahrt endigte. Durch Gomez' Küstenaufnahmen wurden die nördlichen portugiesischen Entdeckungen mit den südlichen spanischen verknüpft.

Der älteste Bericht über Gomez' Reise findet sich in Oviedos Summario de la natural y general historia de las Indias, Tole 1526, fol. XLV verso.

Vgl. H. Harrisse, Disc. of N. Am., p. 229.

41. Francisco Pizarro und Almagro. 1524—1527.

Erste Fahrt. 14. November 1524 von Panama mit dem Piloten Hernando Penate; Almagro folgte mit dem Piloten Bartolome Ruiz, fand Pizarro nicht, sondern segelte an ihm vorbei bis zum Rio de San Juan (4° N. Br.) und kehrte dann nach Panama zurück, wo er Pizarro antraf.

Zweite Fahrt 1526 im Frühling, zwei Schiffe, Pilot Ruiz, zum Rio de S. Juan, von wo Ruiz weiter südwärts ging. Er fand die Insel Gallo, die Bucht S. Mateo, überschritt als der erste auf der Westseite den Äquator und gelangte bis zum C. de la vuelta, später Pasaado. Dann gingen sie gemeinschaftlich von R. de S. Juan nach Süden, und Pizarro setzte sich auf der Insel Gallo fest, von wo er erst nach siebenmonatlichem Harren unter Ruiz' Leitung weiter südwärts vordringen konnte. Sie erreichten die Bai von Tumbez in Nordperu, dublierten C. blanco und kamen schließlich bis Santa, 9° S. Br. Von da kehrten sie nach Panama zurück, Ende 1527 oder Anfang 1528.

Vgl. Francisco de Xeres, Verdadera relacion de la conquista del Peru in Barcia, Historiadores primitivos de las Indias, Madrid 1749. Übersetzt in Ramusio III, 378 verso, Venedig 1556.

42. Lucas Vasquez de Ayllon. 1525 und 1526.

1. Zweite Expedition mit zwei Schiffen unter Pedro de Quoxos (Quoja) kam zum Jordanflusse (33½° N. Br.) im Lande Chicora und erforschte von da die Küste noch etwa 250 Leguas weit nach Norden, vielleicht bis zum 38. oder 39.° N. Br., bis zu der Südgrenze der Aufnahme, die Gomez gemacht hatte.

2. Die dritte Expedition 1526 mit vier Schiffen führte Ayllon selbst in der Absicht, in jenem entdeckten Gebiet, wahrscheinlich zwischen 33 und 34° N. Br., eine Kolonie anzulegen; aber mit dem Tode Ayllons, der am 18. Oktober 1526 dem Fieber erlag, hörten die Unternehmungen auf.

Das Küstenland behielt noch längere Zeit auf den Karten den Namen „Ayllons Land".

43. Guevara,

Kapitän in der Flotte Loaysas, die 24. Juli 1525 von La Coruña zur Magalhãesstraße abging, um die Molukken zu erreichen, wurde mit seinem Schiffe Santiago am 1. Juni 1526 während eines Sturmes am Ausgange aus der Magalhãesstraße von den übrigen Fahrzeugen getrennt und ging allein nordwärts, um die Westküste Mexikos zu erreichen. Er war am 10. Juli unter 13° N. Br., sah 11. Juli eine kleine Insel und dahinter Land, ohne zu erkennen, ob es Festland oder Insel sei, landete am 20. Juli an einer kleinen Insel Magdalena und gelangte Ende des Monats nach Macatán bei Tehuantepek. Durch diese Fahrt wurde die Ausdehnung Südamerikas gegen Westen näher begrenzt.

Navarrete V, 181.

44. Adelantado Francisco de Montejo,

der schon 1518 die Reise Grijalvas mitmachte, begann 1527 die Eroberung Yukatans.

Col. d. doc. ined. rel. al descubr. VIII, p. 20 (Madrid 1867). — Herrera, vol. II, lib. III, cp. 1.

45. John Rut von Ratcliff

ging mit zwei Schiffen 10. Juni 1527 von Plymouth ab, um auf Anregung R. Thornes und dessen Karte den Weg nach China zu suchen. Es war die letzte englische Expedition in diese Gewässer. Rut traf unter 53° N. Br. auf Eis, ging nach C. Raco zurück und dann in einen Golf nördlich von Neufundland (?), berührte weiter südlich die Küste von Aranhoe, später Norumbega genannt. Aranbega erscheint zuerst auf der Karte Verrazzanos. Allefonsce kennt einen Fluss von Norumbega (= Penobscot). Ein Schiff kam im Oktober nach England zurück.

Kohl, Disc. of Maine, p. 28. — Purchas, Pilgrimage III, 809.

46. Pamfilo de Narvaez

in Florida, März 1528 mit vier Schiffen von Cuba ab zur Kolonisation, Pilot Diogo Miruelo. Landet am 15. April in der Bahia de la Cruz, „aqui desembarco Panfilo de Narvaez". Es ist zweifelhaft, ob die Apalachecobai oder die Tampabai gemeint ist. Am 25. Juni in der Indianerstadt Apalachee, am 31. Juni wieder an der Küste, Bahia-do Cavallos, dann Fahrt nach Westen zur Mündung des Mississippi. Nachdem die Expedition durch Indianer vernichtet war, kamen nach sechsjähriger Gefangenschaft, am 1. April 1536, Alvar Nuñoz Cabeça de Vaca, Castillo und Dorantes über den Rio Grande del Norto nach S. Miguel in Sinaloa und von da nach Mexiko. Die Wegroute läfst sich nicht mehr festlegen.

La relacion que die Alvar Nuñoz Cabeça de Vaca (Zamora 1542). — La relacion y comentarios del governador Alvar Nuñoz Cabeça de Vaca (Valladolid 1555). — Barcia, Historiadores primit., vol. 1, no. 6. — Ramusio III, p. 310 (Venedig 1556). — Relacion del viaje de Panfilo de Narvaez al Rio de las Palmas, hasta la punta de la Florida, hecho por el tesorco Cabeza de Vaca. 1527. (Col. de doc. ined. rel. al descubr. XIV. 265.)

47. Nicolaus Federmann. 1529—1531.

Kriegszüge in Venezuela, östlich vom Maracaibosee.

N. Federmanns Indianische Historia (Hagenau 1557). (Neudruck in der Bibl. des Litter. Vereins Stuttgart 1859. Bd. XLVII.)

48. Nuño de Guzman. 1528—31.

Kriegszug nach Neu-Galicien, Eroberung von Jalisco und Culiacan.

Vgl. Doc. ined. rel. al desc. XIV, 317. 411; XIII. — Ramusio III, 333 (Venedig 1556). — Matias de la Mota Padilla, Conquista del Reino de la Nueva Galicia (Mexiko 1870).

49. Francisco Pizarro.

1531—1532 Eroberung Perus. Von Panama 28. Dezember 1531 mit drei Schiffen nach Tumbez. Von hier 18. Mai 1532 ins Land nach Tangarara, Cajamarca, Pachacamac, Cuzco. 1535 Lima gegründet am Rimacflusse.

Litteratur bei Harrisse, B. A. V. 317. — Winsor, Hist. cf. Am. II, 563.

50. Diego Ordas

drang 1531 auf dem Orinoko ins Innere, fiel aber in einer Meuterei. Einer seiner Offiziere, Martinez, gelangte ins Innere und wurde zur Stadt Manoa geführt; er berichtet zuerst vom Eldorado.

Winsor l. c. II, 579.

51. Diego Hurtado de Mendoza. 1532.

Vom 30. Juni an. Zwei Schiffe, von Cortes ausgerüstet, von Acapulco ab zur Sinalonküste. Mendoza wurde in einer Meuterei am Rio fuerte erschlagen, sein Gefährte Mazuela kehrte mit einem Schiffe nach Banderasbai in Jalisco zurück.

Bancroft, Hist. of pacif. states. The Northwest Coast I, 14.

52. Francisco de Heredia

gründet Cartagena 1532.

Col. de doc. ined. VIII, 24.

53. Diego Bezerra (Becerra).

Vom 29. Oktober 1533 an. Zwei Schiffe: Concepcion und S. Lazaro, vom Hafon S. Jago ab nach Kalifornien. Pilot Ximenes.

Das zweite Schiff, unter Hernando de Grijalva und Pilot Martin do Acosta, wurde schon am 31. Oktober durch Sturm getrennt.

Die Concepcion kam am 18. Dezember unter 29½° N. Br. auf die Küste Kaliforniens, Grijalva dagegen entdeckte am 25. Dezember die Revillagigodogruppe, deren Hauptinsel damals S. Thomas, jetzt Socorro, genannt wurde.

Col. de doc. ined. rel. al descubr. XIV, p. 128.

54. Diego de Guzman

drang von Culiacan 1533 nach Sinaloa vor; seine Hauptleute gelangten über Durango zum Yaquiflusse.

Winsor, Hist. of Am. II, 503.

55. Simon de Alcazaba. 1534—1535.

Zug durch Patagonien.

Col. de doc. ined. rel. al descubr. V, 97—117.

56. Georg von Speier. 1534.

Drang von Coro ins Innere von Venezuela ein und kehrte nach Zurücklegung von 1500 miles an die Küste zurück.

Col. de doc. ined. X, 47—52: „Sucesos de los Alemanes Fúcares on Venezuela". — Winsor, Hist. of Am. II, 579.

57. Pedro de Alvarado

landete im März 1534 in Puerto Viejo am Äquator und drang bis nach Riobamba vor.

Benalcazar in Quito.

58. Jacques Cartier.

Erste Reise 20. April bis 5. September 1534.

Abfahrt von St. Malo mit zwei Schiffen, 10. Mai an der Küste von Neufundland unter 48° 20' N. Br. Drang durch die Belle-isle-Strafse, damals golfo des chateaux, in den Lorenzgolf ein. Isle de St. Catherine, nahe dem Eingang der Strafse, nach dem einen Schiffe genannt. Die von Cartier am Lorenzgolf erteilten Namen sind meist vergessen: Port Brest, harbour de St. Antoine, St. Servans, Jacques Cartier. Cap Double ist jetzt C. Rich an der Westseite von Neufundland. C. de Thienot, nach einem indianischen Häuptlinge benannt, ist jetzt C. Montjoli. Am 24. Juni am C. St. Jean (jetzt Anguille). Die Isles des Margaulx heifsen jetzt Bird rocks. Isle de Brion hat ihren Namen behalten. Cartier, der auch den Seeweg nach Asien suchte, bemerkt hier: „Ich glaube, es gibt eine Passage zwischen Neufundland und Bretonenland". Aber trotzdem kehrte er später durch die Belle-isle-Strafse zurück. Die heutige Prinz Eduard-Insel erhielt durch Cartier den Namen Alezay-Insel, sein C. Orleans ist der North Point derselben Insel. Die Miramichibai nannte er S. Lunario. Am 8. Juli fand er die Chaleurbai (Biggestbay).

Der Originalbericht der Reise, lange verschollen, ist 1867 in der Nationalbibliothek zu Paris wiedergefunden und veröffentlicht: Relation originale du voyage de Jacques Cartier

4*

an Canada en 1534, publié par Michelant et A. Ramé (Paris 1867). Die älteste Übersetzung findet sich in Ramusio III, 435 (Venedig 1556). Außerdem vgl. M. H. Michelant, Voyage de Jacq. C. en Canada en 1534, publiée d'après l'édition de 1598 et d'après Ramusio (Paris 1865). — P. Gaffarel, Les decouvrenrs français (Paris 1888), p. 157—230.

59. Jacques Cartier.

Zweite Reise, vom 19. Mai 1531 bis 6. oder 16. Juli 1536.

Weitere Untersuchung des Lorenz-Golfes und -Stromes mit drei Schiffen. 10. August am R. de S. Jean: die Mündungsbucht des von Norden kommenden Flusses nannte er St. Lorenzbai, nach dem Heiligen des Tages, ein Name, der später auf den ganzen Golf übertragen wurde; 21. August Insel Assumption, einheimisch Natiscotec, jetzt Anticosti, Insel und Fluß Saguenay, Isle aux Coudres (hat noch diesen Namen), weiter das Indianerdorf Stadacouna (= Quebec), bei Desceliers 1544 Stadin (?), Bacchusinsel, später Orleansinsel (Mercator 1569: yo d'Orleans, alias de Baccho), havro de St. Croix nahe der Bacchusinsel (wegen der einheimischen Rebe, die bis hier vorkommt). Hier begann Cartiers Land Canada, das auch Nova Francia benannt wurde. Vom Heiligenkreuzhafen ging Cartier mit dem kleinsten Schiffe L'Emérillon allein weiter flußaufwärts und kam am 28. September zum lac d'Angoulesme (= St. Peters lake); 19. Oktober nach Hochelaga (damals Mont royal), im November zurück zur Überwinterung im Heiligenkreuzhafen. Abfahrt 6. Mai 1536.

Die Ptolemäus-Ausgabe (Basel 1540) zeigt zuerst Kenntnis von dieser Reise; Mercators Globus 1541 weiß noch nichts davon, wohl aber Desliens 1541.

Brief Recit et succincte narration de la navigation faicte es ysles de Canada &c. Paris 1545. (Brit. Museum.) — Brief Recit et succincte narration de la navigation faicte en 1535 et 1536 . . . . . précédée d'une brève et succincte introduction historique par M. d'Avezac. Paris 1863. — Ramusio III, 441.

60. Cortes. 1535.

15. April von Chiametlan, 23° N. Br., Expedition nach Kalifornien. 3. Mai Landung in der Bucht von Sa Crez, jetzt La Paz. Die notariellen Akten der Besitzergreifung waren von einer Karte begleitet, wovon sich in Winsor (Hist. of Am. II, 443) ein Faksimile befindet. Die Karte enthält die Namen:

C. de Corrientes de la pascua, banderas, xalisco, ustatan, chiamotla, R. de spirito sto, de la Sal, R. de S. Migel, Culuacam, R. grande de los trabajos, petatam de los Remedios, S. Pedro, S. Pablo. An der Halbinsel von Süden nach Norden: S. Felipe, S. Jago, Sa Cruz und Perlas.

61. Almagro

dringt 1535 von Cuseo aus durch Bolivien und an der Ostseite der Anden bis Salta vor und übersteigt das Hochgebirge, erreicht Copiapo und kehrt von da durch die Atacamawüste zurück.

62. Pedro de Mendoza. 1535.

Statthalter am La Plata, Gründung von Buenos Aires.

Relacion de Gregorio de Acosta sobre el gobierno de las provincias del Rio de la Plata, und Col. de doc. ined. X, 525.

63. Juan de Ayolas

geht 1536 den Paraguay bis 25° 38′ S. Br. hinauf und gründet Assumption.

1537 geht er bis 21° S. Br. den Fluß hinauf und erreicht von hier durch Gran Chaco und das Land der Chiquitos Peru.

Herrera V, 10, 15; VI, 3, 17.

64. Coronado

gelangt 1537 nach Amatepeque. (Muñoz, Mar., Madrid, Acad. of hist. LXXX., fol. 34, zitiert in Winsor, Hist. of Am. II, 503.)

65. Gonzalo Ximenes Quesada

gelangt am Magdalenenstrom aufwärts nach Bogota 1537 und gründet Sa Fé de Bogota 1538.

66. Pero Anzures

gründet 1538 Chuquisaca.

67. Fray Marco di Nizza. 1538—1539.

Geht zu Lande von Mexiko nach Culiacan und von dort 7. März 1539 mit Fray Onorato, einem Franziskaner, und Estobanico nach Petatlan in Sonora, wo Onorato krank zurückblieb, während Marco durch Wüsteneien noch bis in die Nähe von Cibola vordrang, das er so grofs wie Mexiko ausgab.

Col. de doc. ined. rel. al descubr. III, 329. — Ramusio III, 554 (Venedig 1556).

68. Nicolaus Federmann

erreichte 1529 das Hochland von Bogota.

69. Hernan de Soto.

Kriegszug in Florida 1539—1542. Am 12. Mai 1539 von Havana nach Florida in eine Bai, 10 Leguas westlich von der Juan Ponce-Bai; Soto nannte sie Espiritu santo, weil er zu Pfingsten, am 25. Mai, landete. Dann in die Landschaft Apalachee, wieder zurück zum Hafen Ponsacola, wieder ins Binnenland bis in die Gegend des heutigen Silverbluff am Savannah unterhalb Augusta, dann nordwestwärts beinahe bis nach Dalton in Georgia und von da gegen Südosten bis zur Mobilobai. Am 26. Mai 1540 nicht weit von der Arkansas-Mündung über den Mississippi, zur Stadt Guaxule mit 300 Häusern, vermutlich an der Stelle von Cosawattie Old Town; weiter über mehrere Flüsse und dann einmonatige Rast an der Stelle, wo jetzt Rom liegt. Von da nach Coca, wahrscheinlich am Coosallusse, zwischen den Mündungen des Talladega und Tallaschatchee (nach Annalune Pitkins, Geschichtsschreibers von Alabama, nach dem Citat von Winsor, II, 248). Von da nach Ullibahali am Hatchet Creek und weiter nach Tulisse, Tastaluza, Mauila, den Alabama abwärts zur Stadt Piache durch das Land Pafallaya (jetzt die Grafschaften Clarke, Marengo und Green) zu den Städten Taliepatua und Cabusto (d. i. Eric am Black Warrior), dann Chicaca am westlichen Ufer des Yazoo (17. Dezember 1540). Im April 1541 zog Soto gegen den feindlichen Häuptling Alibamo nach Quizquiz am Mississippi, ging beim untersten Chickasaw-Bluff über den Flufs und zur kleinen Prärie, um Pacaha und Chisca aufzusuchen, und dann ins Land von Caliça und nun wieder 110 Leguas südöstlich zur Stadt Quiguate an einem Mississippi-Arm. Soto überwinterte in Viranquo oder Autiamque (Washita?), kam im Frühjahr 1542 an die Mündung des Redriver und starb am 21. Mai 1542.

Sein Nachfolger, Luis de Muscoso, drang, um Mexiko zu erreichen, bis Xacatin vor, ging dann aber an den Mississippi zurück, überwinterte noch einmal und fuhr dann den Flufs hinab in den Golf und an der Küste entlang zum Rio Panuco.

Wenn auch die Hauptpunkte dieser Expedition geographisch zu bestimmen sind, so bleiben doch die Einzelheiten der Reiselinie schwer zu deuten.

Relaçam verdadeira dos trabalhos que ho gouernador don Fernãdo de Souto .... passarom no descobrimento da prouincia da Frolida (Evora 1557). Neudruck durch die K. Akad. in Lissabon 1844. — Englische Übersetzung in Hakluyt Soc. 1851: „Discovery and Conquest of Fl. — Relación del suceso de la jornada que hizo Hernando de Soto, von Luis Hernandez de Biedma (in B. Smith, Col. de varios documentos para la hist. de la Florida. 1857). — Garsilasso de la Vega, Florida del Ynca (London 1605). — Ein kurzer Bericht Rodrigo Raugils, Sotos Sekretärs, in Oviedos Hist. gen. I, 562, ed. A de los Rios. — J. Winsor II, 245, Kritik der Reiselinie, p. 291; Delisles Karte, p. 291.

Der Name Florida erhielt von nun an eine grofse Ausdehnung und breitete sich über den ganzen Südosten von Nordamerika aus.

70. Francisco de Ulloa.

8. Juli 1539 von Acapulco aus, ging den Kalifornischen Golf hinauf fast bis zum nördlichen Ende, kehrte dann um und verfolgte die Westküste der Halbinsel bis zum Kap Engaño, 28° Nr. Br. Bei dieser Fahrt kommt zuerst der Name Kalifornien vor, der für die Bucht von Sta Cruz gebraucht wurde und von da sich auf die ganze Halbinsel übertrug.

Ramusio III, 349 (Venedig 1556). — Winsor, Hist. of Amerika II, 443.

71. Alonso de Camargo

befuhr 1540 die Westküste Südamerikas von der Magalhäesstrafse bis zum Rio Maule in Chile.

72. Pedro de Valdivia

brach im März 1540 von Cusco auf nach Chile, legte im Februar 1541 am Ufer des Mapocho den Grund zur Stadt Santiago. Weiter folgten die Gründungen von Valparaiso 1544, Concepcion 1550 und Valdivia 1552.

Col. de doc. inedit. rel. al descubr. IV, p. 5—84.

73. Francisco Vasquez de Coronado.

Feldzug nach Cibola und Quivira 1540—1542. Hernando Alarcon sollte die Expedition zu Schiff unterstützen. Sein Pilot Dominico de Castillo zeichnete eine Karte, die sich erhalten hat. Die Flotte segelte am 9. Mai 1540 ab und erreichte das Ende des Golfes von Kalifornien; Alarcon ging den Colorado del Occidente noch in Böten hinauf. Sein Bericht im Ramusio III, 363. Die Halbinselnatur Kaliforniens wurde festgestellt.

Das Heer versammelte sich in Compostella, der Hauptstadt von Neu-Galicien, und brach im März 1540 von da auf. Der Zug ging nach NO. Cibola erwies sich als ein Dorf mit 200 Einwohnern (in der Nähe von Zuñi). Das Land Tusayan liegt nördlich vom Rio Vermejo, Acaco ist Acoma, Tiguex wird von Bandelier (Hist. introduction to studies among the sedentary Indians of New Mexico) westlich vom Rio grande del Norte verlegt, Cicuyé ist Old Pecas, Quirex oder Queres ist ein Distrikt von Cochito. Von Cibola ging Cardenas westwärts zum Colorado-Cañon, Coronado ging ostwärts über den Rio Grando in die Prärien bis 40° N. Br. nach Quivira, das an der Grenze von Nebraska und Kansas oder am Missouri zu suchen ist.

Coronados Bericht in Doc. ined. rel. al descubr. III, 363, sein Brief an den Kaiser XIII, 261—68. Bericht des Kapitäns Pedro de Castañeda bei Ternaux Compans. — Relacion hecha por el Capitao Juan Juramillo in Doc. ined. XIV, 304. — Ramusio III, 359 Venedig 1556). — Neue Litteratur über den Zug in Winsor, Hist. of Am. II, 501. — Coronados Marsch, kritisch beleuchtet von General J. H. Simpson in Smithson. Report 1869, p. 309—340.

74. Jacques Cartier.

Dritte Fahrt nach Canada 23. Mai 1541 bis 21. Oktober 1542, von St. Malo, 5 Schiffe. Roberval folgte 22. August 1541 von Honfleur nach — sein Pilot war Alfonce aus Saintonge — und kehrte erst im Mai 1544 zurück.

Der Originalbericht ist verloren gegangen. Fragmente bei Hakluyt (I, 232). Jenn

Alfonce erforschte den Saguenay und hat wahrscheinlich auf der Rückreise die Ostküste der Vereinigten Staaten nach einer Strafse, die nach Indien führen sollte, abgesucht. Seine Kosmographie (Manuskr. in der Nationalbibl. zu Paris) verrät Kenntnis von jenen Küsten. Unter 42° N. Br. fand er wahrscheinlich die Massachusettsbai und hoffte die Strafse zwischen Norumbega und Florida zu finden. Alle diese Länder rechnete Alfonce übrigens zu Asien. „Ces terres tiennent à la Tartarie et pense que ce se soit le bout de l'Asie selon la rondeur du monde". (Winsor, Hist. of Am. III, 60.) Derselbe Gedanke findet sich auch in dem königlichen Auftrage für Cartier, wonach die Ansicht ausgesprochen ist, dafs das „grand païs des terres de Canada et Hochelaga un bout de l'Asie du côté de l'Occident" bilde. (Lescarbot, Hist. de la Nouvelle France, p. 412, Paris 1612.)

Vgl. Harrisse, Notes sur la Nouv. France, p. 4. — Harrisse, Cabot, p. 211.

75. Phil. v. Hutten

landete 1541 zu Barburate in Venezuela und drang bis zu den Städten der Omaguas vor.

76. Francisco de Orellana

ging 1541 den Rio Napo hinab, schiffte sich im Dezember an der Mündung des Flusses in den Amazonenstrom ein und liefs sich den Strom hinabtreiben, bis er am 26. August 1542 den Ozean erreichte.

Col. de doc. ined. VII, 552 (Madrid 1867). — Herrera VI, 8. 7., 9. 2., VII, 9. 8. — Markham, Expeditions into the Valley of the Amazons (Hakluyt Soc. 1859).

77. Juan Rodriguez Cabrillo.

27. Juni 1542 von Puerto de Navidad, nordwestlich von Manzanillo (19° N. Br.), mit drei Schiffen zur Erforschung der Westküste von Kalifornien. Die Expedition kam angeblich bis 44° N. Br., wahrscheinlich aber nur bis 43° N. Br., während Cabrillo selbst, der 3. Januar 1543 starb, nur die Breite von 38° 40' erreichte. Der Pilot Bartolome Ferrelo oder Ferrer setzte die Fahrt fort über Cap Mendocino (40° 26' N. Br.) hinaus. Harrisse (Disc. of N. Am., p. 365) läfst ihn bis 43° N. Br. gelangen.

Der Reisebericht findet sich in Pacheco, Col. de doc. ined. XIV, 165, danach in Bancroft, North Mex. States I, 133. — Vgl. Alex. S. Taylor, The first voyage to the coast of California (S. Francisco 1853). — Bancroft, California I, 69. — Derselbe, Northwest Coast I, 137.

F. W. Putnam veröffentlichte auch das Tagebuch von Cabrillos Reise im Report upon U. St. geogr. surveys west of the 100th merid. V, II, 4 u. 497. (Washingt. gov. print. offic. Mag. VII, 394.)

Wheeler, List of reports and maps of the U. St. geogr. surveys w. of the 100th merid. 2. ed. (Wash. 1881.)

78. Martinez de Irala. 1542—1543.

Folgte auf Ayolas und ging bis zum See Yaiba (Gaiba), 17° 57' S. Br., den Paraguay hinauf, gelangte aber nicht bis nach Peru.

Sein Bericht in Cartas de Indias, p. 571—633 (Madr .77). — Col. de doc. ined. VIII, 29.

79. Juan Bautista Pastene,

ein genuesischer Pilot, segelte im Juli 1544 von Callao an der Westküste von Südamerika südwärts im Schiffe San Pablo, langte im August zum Valparaiso, wohin Valdivia zu Lande gedrungen war, um eine Stadt anzulegen, ging dann weiter im September nach Süden bis 41° S. Br. und benannte den Hafen Valdivia, die Insel Mocha und die Bucht von Penco.

Valdivias Berichte an den Kaiser finden sich in: Coleccion de Historiadores de Chile, vol. 1 (Santiago 1864); Claudio Gaye, Historia de Chile (Paris 1846).

80. Irala. 1548.

Zweiter Ver. uch, von Paraguay nach Peru zu kommen. Irala ging vom Zuckerhut (Pan de Azucar), 21½° S. Br., aus bis zum Flusse Guapay und nach Chuquijaca. Nuño de Chaves, den Irala von da nach Lima gesandt hatte, kam 1549 nach Assumption zurück.

Col. de doc. ined. rel. al descubr. IV, 378.

81. Garcia Hurtado de Mendoza,

Gouverneur von Chile, drang 1557 siegreich gegen Süden vor, gründete südlich von Valdivia die Stadt Osorno und entdeckte den Archipel von Chiloë.

82. Nuño de Chaves,

1557 von Irala gesandt, um das Gebiet der Xarayes-Indianer zu besetzen (17" S. Br.), kam zum Guapay und traf in der Ebene von Guelgorigota mit Andres Manso zusammen, der mit einer Kompanie von Peru gekommen war. Chaves ließ sich in 'ima mit dem Gebiet belehnen und gründete 1560 die Stadt S^a Cruz de la Sierra 18" 4' S. Br., die 1575 nach dem jetzigen Orte, 17" 49', verlegt wurde.

83. Guido de Labazares

untersuchte als der erste nach Piuedo 1558 die Nordküste des Golfs von Mexiko und ging der großen militärischen Expedition des Admirals Don Tristan de Luna (1559—1561) voran.

Seine Ergebnisse sind im Atlas Dourado zu finden.

Winsor, Hist. of Am. II, 256.

84. Pedro de Ursua

fuhr 1559 den Huallaga hinab in den Amazonenstrom bis Machiparo und suchte den Goldkönig (Eldorado). Er fiel durch Mörderhand am 1. Januar 1561. Sein Gefolge ging wahrscheinlich den Strom hinab zum Meere.

Relacion hecha por Pedro de Monguia de la jornada del gobernador Pedro de Orsua in Col. de doc. ined. rel. al descubr. IV, 191—215. — Rel. de todo lo sucedido en el Rio de Marañon, en la provincia del Dorado al gobernador Pedro de Orsua y de su muerte. — Vgl. auch Col. de doc. VIII, 38, und VI, 561.

85. Kapitän Jean Ribault.

18. Februar bis 20. Juli 1562. Segelte an der Ostküste von Florida, Georgia und Süd-Carolina entlang, landete zum Zweck der Ansiedelung in der Nähe des jetzigen Hafens S. Augustin, ging dann nordwärts, fand am 1. Mai den Maifluß (Rivière de May) und unter 32° 30' einen schönen Hafen, Port royal (jetzt Broad river), wo er Charlesfort gründete.

Kohl, Hist. of Disc. of Maine, p. 421. — Hakluyt III, 308 (London 1600).

86. Kapitän René Laudonnière

ging 22. April 1564 von Hávre nach Florida, verlegte Ribaults Ansiedelung nach dem Maifluß, jetzt St. Johnsriver, und gründete Fort Caroline. Er blieb zwei Sommer und einen Winter dort.

J. le Moyne, Brevis narratio eorum, quae in Florida . . . acciderunt . . . duce R. de Landonière (Frankfurt 1591). — Kohl, Hist. of disc. of Maine, p. 454.

87. Jean Ribault.

Zweite Reise 1565 nach Florida. Seine Niederlassung wurde durch den Spanier Pedro Menendez vernichtet. (Hakluyt III, 349.)

Über Menendez vgl. Col. de doc. ined. rel. al descubr. III, 441--480.

88. Francisco Ortiz de Vergara

zog 1565 vom Laplata nach Peru.

Col. de doc. ined. rel. al descubr. IV, 378—390.

89. John Hawkins. 1565.

Fahrt von Florida bis Neufundland; der erste bekannte englische Seefahrer in West-indien, im Karibischen Meere. 1569 im Mexikanischen Golf.

Hawkins hatte einen französischen Piloten, Martin Atinas von Dieppe, der 1562 die Fahrt mit Ribault gemacht hatte. (Hakluyt III, 500.)

90. Diego Fernandez de Serpa

eroberte das Gebiet von Neu-Cordoba (Cumana) 1569.

Rel. de Lope de las Varellas sobre la conquista y poblacion de nueva Cordoba (in Col. de doc. ined. IV, 489—491).

91. Pedro Marquez

machte 1573 mit vier Schiffen die ersten genauen Küstenaufnahmen am Atlantischen Ozean von C. Florida bis nördlich von der Chesapeakbai. (Barcia, Historiadores, p. 447.)

B. Die Karten von Amerika aus der Zeit von 1500--1570, nebst einigen Vor-läufern aus den Jahren 1380 (?), 1427, 1467 (?), 1492.

1380. Zeno.

„Carta da navegar de Nicolo et Antonio Zeni furono in Tramontana Iano 1380", gedruckt in Venedig 1558. — Faksimile in Nordensk. Atlas no. 29, p. 53, Grönland als Halbinsel Nordeuropas dargestellt. - Cf. Kohl, Hist. of discov. of Maine, p. 97—106. -- Lelewel, Géogr. du Moyen-age, tom. III, p. 79.

Dafs der jüngere Zeno, der 1558 die Karte veröffentlichte, eigene Zuthaten gemacht, darüber vgl. zum Jahr 1558 die Zenokarte.

1427. Claudius Clavus.

Karte von Nordeuropa,

a) genauer farbiger Faksimiledruck in Nordenskiölds Studien und Forschungen (Leipzig 1885), b) schwarze Kopie in Nordenskiölds Atlas no. 27, p. 49,

enthält Grönland, Gronlandia provincia, als Halbinsel Europas.

1467. Zamoiski-Kodex.

Tabula regionum septentrionalium e codice Ptolemei (Warschau). — Faksimile in Nordenskiölds Atlas, Tafel XXX. Karte von Grönland, ebenda no. 61.

1492. Martin Behaim.

Globus in Nürnberg, im Besitz der Familie v. Behaim. — Murr, Diplom. Gesch. des Ritters M. Be-haim. Nürnberg 1779. — Ghillany, Der Ritter Martin Behaim. Mit Faksimile. Nürnberg 1852. -- Jomard, Monuments de la géogr. Unvollständig. — Kohl, Hist. of disc. of Maine, p. 147—150. -- Humboldt, Krit. Unters., Bd. I, 31. 44. 201 ff. — Vgl. auch Doppelmayr, Histor. Nachrichten von den Nürnb. Mathematikern und Kunstlern. Nürnberg 1730. — Rev. Mytton, On Martin Behaim's globe and his influence upon geogr. science.   Henry Harrisse, Discov. of N. Amer., p. 391 — Journal of the Americ. geogr. soc. of New York, vol. IV, 1873, p. 446.   Kopie der occanischen Seite des Globus in Ruge, Zeitalter der Entdeckungen, S. 330.   K. Kretschmer, Entdeckung Amerikas, Taf VI, 2.

Die Darstellung des Ozeans ist darum wichtig, weil die Zeichnung der Ostküste Asiens unverkennbar auf der Darstellung Toscanellis von 1474 beruht. In diesem Jahre sandte Toscanelli eine Karte des Ozeans und einen erläuternden Brief an den Beichtvater des Königs von Portugal, um den Portugiesen den Westweg nach Indien, statt der Fahrt an der afrikanischen Küste nach Süden, zu empfehlen. Nach der bestimmten Erklärung des Bischofs Las Casas hatte Columbus diese Karte (eine Kopie) bei seiner ersten Entdeckungs-fahrt an Bord: „Das ist die Karte, die der florentinische Arzt Paul schickte und die ich mit anderen Sachen des Admirals im Besitz habe, nebst Schriften von seiner eignen Hand, die mir übergeben sind. Auf der Karte sind viele Inseln und das Festland von Indien und die Staaten des Grofschans gemalt, und nach dieser Darstellung von Land und Inseln befand man sich ohne Zweifel davor, und es waren auch alle diese Inseln in einiger Ent-fernung eingetragen". Bei der Vertrauensstellung, die sich Behaim in Portugal erworben hatte, konnte er ohne Zweifel die Karte Toscanellis einsehen und kopieren. Ebensowenig darf bezweifelt werden, dals Behaim seinen Globus in Nürnberg 1492 nach mitgebrachten Kartenvorlagen entwarf. Toscanellis Darstellung von Ostasien war die neueste von jenem Gebiet und die einzige, die auf Erkundigungen und kritischer Verwertung des Ptolemäus in Verbindung mit den neueren Reiseberichten beruhte. Bei dem Ansehen Toscanellis be-hielt seine Auffassung über 50 Jahre ihre Giltigkeit und fiel erst, als die Portugiesen zu Schiff um Indien herum nach China gelangten. Behaims Zeichnung beeinflufste zunächst die Auffassung der deutschen Kosmographen.

„A Copy of it should be added to every work treating on the discovery of America." (Kohl, Hist. of Disc. of Maine, p. 150.)

1500. Juan de la Cosa.

Älteste Karte von Amerika: Pergament 1,83 : 0,96 m. Juan de la cosa hizo en el puerto de S. mja en año de 1500. Das Original im Marine-Museum zu Madrid.

Kopien: 1. Ramon de Sagra, Hist. fisica de Cuba. Paris 1837.
2. Jomard, Mon. de la geogr. p. 16.
3. Ghillany, M. Behaim. Diese Kopie enthält nicht alle Namen.
4. Kohl, Hist. of disc. of Maine, p. 151 und Karte no 5.
5. Ruge, Zeitalter der Entdeckungen, S. 324.
6. In Centenario no. 6 p. 245—256 verkleinert, farbig, die kleinen Namen unleserlich.
7. Winsor, History III, 9, nach Jomard.
8. Harrisse, Disc. of N. Am., p. 90, Westindien. Doppelte Gröfse.
K. Kretschmer, Die Entdeckung Amerikas, Taf. VII n. S. 319.

Juan de la Cosa stammte aus Sta Maria del Puerto (jetzt Santona), machte die erste Reise Colons an Bord der Sta Maria mit als erster Maat — dieses Schiff gehörte ihm (Harrisse, Disc. of N. Am, p. 89, note 22. — und dann die zweite Reise Colons an Bord der Niña, ging 1499 mit Ojeda, 1501 mit Rodrigo de Bastidas und wurde 1510 in Süd-amerika durch vergiftete Pfeile getötet. 1503 überreichte er der Königin in Segovia zwei Seekarten von Indien. Cf. Enrique de Leguina, Juan de la Cosa, estudio biografico (Madrid 1877).

Seine Karte fand Humboldt 1832 in der Bibliothek Walkenaers, 1853 wurde sie für 4020 Fr. an Spanien verkauft.

Die letzte geographische Entdeckung, die auf der Karte steht, ist die Entdeckung Brasiliens.

Litt.: Humboldt, Über die ältesten Karten des neuen Kontinents in Ghillanys M. Behaim. — Kohl, Die ältesten Generalkarten, S. 25. — Ders. Hist. of Disc. of Maine p. 151. — C. F. Duro, Mapamundi de Juan de la Cosa (Centenario, p. 245 256). H. Harrisse, Disc. of N. Am., p. 89 u. 412 415.

Cosa gab die älteste Zusammenstellung aller bisherigen Spezialkarten von Amerika und beendigte sie im Oktober 1500. Er benutzte die Karten des Columbus (Humboldt, Krit,

Untersuch. I, 90), Pinzou, Hojeda, Niño und Lepe, die alle die Karte von der dritten Reise Colons kopieren durften (cf. Navarr. III, 555 u. 587). Gewiß hat Cosa auch Original-aufnahmen gemacht. Er weifs von Cabots Entdeckung: „Mar descubierta por Ingleses". Breitengrade aufser Äquator und Wendekreis fehlen.

Cuba hat dieselbe Gestalt wie bei Canerio und Cantino und heifst Cuba, nicht Isabella. Man sieht deutlich, wie weit die Insel bekannt war. Die merkwürdig aufgerollte Gestalt von Westcuba ist dadurch entstanden, dafs man Isla de Pinos mit zum Festlande rechnete. „The earliest and, for more than half-a-century, the most complete description of Cuba is the one which that celebrated mariner (Cosa) has inserted in his famous planisphere, designed during the autumn of 1500." (Harrisse, Disc. of N. Am., p. 89.)

'Da so viele Namen keinen Sinn geben, also entstellt sind, so ist von Harrisse (l. c. p. 115) mit Recht die Frage aufgeworfen worden, ob wir das Original von Cosas Karte, also seine eigene Arbeit, oder nur eine Kopie vor uns haben.

Die Malereien der Karte, die drei Könige aus dem Morgenlande, die Königin von Saba, den heiligen Christophorus hat Duro im Centenario in natürlicher Gröfse gegeben.

Das Gebiet von Labrador und weiter südlich ist noch unsicher dargestellt. Wo Humboldt die Nordküste des Lorenzgolfes erkennt, sieht Kohl die Südküste von Neufund-land (Harrisse, Cabot, p. 157). Jener deutet das Cavo de Ynglaterra auf ein Vorgebirge bei der Belle-isle-Strafse, dieser auf Cap Race. Cosas Rio de la posesion ist nach Hum-boldt (S. 2) der Orinoko. Der Äquator läuft richtig durch die Mündung des Amazonen-stromes; aber die westindischen Inseln liegen zu weit nördlich, der Wendekreis läuft süd-lich von Haiti. Der Fehler beträgt etwa 5°. Sollte das, wie Kohl (Generalkarten, S. 8) vermutet, mit der Annahme Colons, Guanahani liege unter dem Parallel Ferros (Navarr. I, 174), zusammenhängen? Aber Colons Breitenangaben weichen zu sehr von einander ab. Die eine Angabe von Guanahani kann nicht mafsgebend sein, wenn man auch erkennt, dafs auf den späteren Karten die westindischen Inseln allmählich unter ihrer richtigen Polhöhean gesetzt werden. Dann müfste auf Kunstmanns Blatt 11 bei der steilen Aufrichtung der Axe von Haiti und Cuba gegen Nordwesten Colons Ansicht zur Geltung gekommen sein, dafs Cuba unter 42° N. liege.

1502. Die Karte Cantinos.

Cantino war Agent des Herzogs Herkules von Este († 1505).
Carta da naufgar per le Isole nouam. trovate in le parte de l'India.
Original in Bibl. Estense in Modena. Pergament 2,20 1,05 m.
Faksimile in Farbendruck in Harrisse, Les Corte-Real.
Verkleinerte Kopie in Disc. of North Am., p. 78.
Littr.: Harrisse, Les Corte-Real. p. 77–90. — Ders., Disc. of N. Am., p. 77–138 u. 422–425. — Giuseppe Boni, Cenni storici della Reale Biblioteca Estense in Modena 1873. — K. Kretschmer, Die Entdeckung Amerikas. S. 372.

Für diese Karte sind verwertet die Ergebnisse der dritten Reise Colons (1498), Corte-Reals nach Neufundland (1501) und Cabrals nach Brasilien (1500). Es fehlt die Fahrt des Vincente Yañez Pinzon (1499) an der Nordostküste Brasiliens, die schon auf Cosas Karte eingetragen ist; dagegen ist die Fahrt Hojedas und la Cosas nach Venezuela bekannt. Cantinos Karte von der Nordküste Südamerikas, wo nur Hojedas Fahrt gemacht war, be-ruht gewifs auf einer Karte Vespuccis, der die Reise mitmachte. Sie weicht in den Namen von Cosa sehr ab. Cf. Harrisse, Disc. of N. Am., p. 334. Cantinos Darstellung beruht demnach hauptsächlich auf portugiesischen Quellen.

An der Nordküste von Süd...erika hat Cantino 29 Namen, Cosa dagegen 45: aber nur drei Namen sind gemeinsam. Die westindischen Inseln haben hier zuerst den Namen Antilhas.

Die Küste nordwestlich von Cuba halte ich für die Küste Asiens nach Toscanelli. Die dort angegebenen Namen haben sich zum Teil bis auf Mercator, 1511, erhalten.

5*

Die an der Küste Südamerikas nördlich und südlich von Porto Seguro auf der Karte eingetragenen Namen, in Kursivschrift von anderer Hand als der des Zeichners in portugiesischer Sprache, also in Lissabon, nicht in Italien eingeschrieben, deutet Harrisse (Disc. of N. Am. 422) auf eigenhändige Zusätze Vespuccis zu seinen Entdeckungen.

Weltcarte nach 1502.

Vgl. Schmeller, Cod. iconogr. 133 250. – Kunstmann, Taf. II, bringt den amerikanischen Teil. K. Kretschmer, Die Entdeckung Amerikas, Taf. VIII, 2, u. S. 378.

Die falsche Orientierung im Norden und falsche Breitenlage im Süden weist auf frühe Zeit. Numerierte Breitengrade fehlen. Da Madagascar noch fehlt, ist die Herstellung der Karte vor 1506 zu setzen. Terra de Lauorador ist eine langgestreckte, von Ost nach West laufende Insel etwa unter 60° N. Die Terra de Corte Reall ist eine von Nord nach Süd laufende Küste ohne Namen.

Bei Westindien die Inschrift: „Omnes iste insule ac Terre inuente fuerunt ab uno genuensi nomine Colombo et in istis insulis non sunt animalia alienis nature preter serpentes. Item inuenitur aurum in multis locis, omnes iste insule nominantur le Autilie.“ Die Antillen streichen von Nordwest nach Südost, so dafs das Nordende Cubas bis unter den Parallel von Mittel-Irland reicht, während Dominica am 15.° N. liegt.

Von Südamerika ist die Küste vom Golf von Maracaibo bis zum Amazonenstrom und, nach einer Lücke, weiter von C. San roccho bis Rio de Cananor dargestellt. Manche Schreibfehler in den Namen; besonders der für viele nachfolgende Karten verhängnisvolle Fehler „abacia di tutti santi“, statt baia di t. s. (Allerheiligenbai).

1503—1504.   Salvat de Pilestrina: Weltkarte.

Nach dem „Katalog über die im Kgl. bayr. Haupt-Konservatorium der Armee befindlichen Landkarten und Pläne" (München 1832, S. 6 u. 7) ist diese Karte von derselben Hand wie die mit Salvata Namen bezeichnete vom Jahre 1511.

Kopie des Amerikanischen Teils in Kunstmanns Atlas, Taf. III. (K. Kretschmer, Taf. IX, 1.)

Nach H. Harrisse (Cabot, p. 161) ist die Karte in 1503—1504 zu vorlegen und ist der Verfasser Salvatore de Palestrina, also ein römischer oder venetianischer Kartograph; denn Pilestrina sei weder ein Personen- noch ein Ortsname in Mallorca. Die Sprache zeigt eine Mischung von Italienisch und Portugiesisch mit einzelnen spanischen Formen. In Disc. of N. Am., p. 425 will sich Harrisse für kein bestimmtes Jahr erklären.

Diese Karte enthält die Entdeckungen Cortereals und Vespuccis. Im Norden ragt eine Halbinsel herein, die an Grönland erinnert und gegen Süden, etwa unter 59° N. endigt. Die Namen an der Küste zeigen, dafs Labrador gemeint ist, wie bei Kunstmann, Taf. II.

Terra de Cortte-Reall erinnert in Lage und Form an die Länder auf beiden Seiten des Einganges der Belle-isle-Strafse in den Lorenzgolf, also an Labrador und Neufundlandküste. Die Baya do S. Cyria scheint (nach Kohl, S. 175) die gegenwärtige Trinity-Bai zu sein, Cabo de San Antouio unserm Kap Bona Vista (18° 42' N. Br.) zu entsprechen, und die Illia de frey Luis hat sich verstümmelt in Cap Freels erhalten. Die Deutungen Kunstmanns (Entdeckung Amerikas, S. 128) sind offenbar falsch. Westindien fehlt.

In Südamerika ist die Küste von San Roq bis Rio de Cananen zuerst auf einer Karte gegeben. Nördlich vom Äquator sind die einzelnen Breitengrade von 1 — 68 angegeben, südlich nicht.

Über den Nordamerika betreffenden Teil der Karte vgl. Kohl, Hist. of disc. of Maine, p. 174—177.

Peschel (Gesch. des Zeitalters der Entd., S. 331) nahm für die Karte das Jahr 1502/3, Kohl 1504/5 an.

Nach 1502. Nicolas de Canerio.

Weltkarte mit Angabe der Breitengrade von 71° N. Br. bis 57° S. Br.
Original im Archiv der Service hydrogr. de la Marine, Paris. Größe 225 : 115 cm.
„Opus Nicolaij de Canerio Januensis", ohne Jahr. Die Arbeit eines Italieners, aber in portugiesischer Sprache, also wohl in Lissabon gezeichnet.
Litt.: Gallois, Portulan de Nicolas de Canerio. Lyon 1890. (Bull. soc. géogr. de Lyon.) Mit Umrißkopie und Namen. — Harrisse, Disc. of North America, p. 305 u 428—430. Plate XIV. Die Nordostküste Amerikas und Cubas in Faksimiledruck. — Für die Küste Südamerikas dienten die Aufnahmen Vespuccis als Grundlage. — Cf. Harrisse, Disc. of N. Am., p. 335. — K. Kretschmer, Die Entdeckung Amerikas, Taf. VIII, 1, u. S. 376.

Die Darstellung ist verwandt mit der Cantinos. Die Karte ist ohne Jahreszahl. Da man aber vor 1502 keine Karte mit Angabe der Breitengrade findet, so wird sie in dieses Jahr frühestens zu verlegen sein; auch ist keine Entdeckungsfahrt nach 1502 auf der Karte verzeichnet.

Das sogenannte Florida (Ostasien nach Toscanelli) hat dieselbe Gestalt wie bei Cantino; es endigt mit dem Kap „vom Ende April".

Für Brasilien ist sie die vollständigste Karte, sie hat die größte Zahl der Namen. Die Sprache ist portugiesisch und italienisch, in einzelnen Formen spanisch. Die Karten der neuen Welt im Ptolemäus 1513 fußen auf dieser Darstellung.

Um 1503. Manuskr.-Karte der Insel Hispaniola,

die Harrisse in Ferd. Colons eigner Kopie von Peter Martyrs Dekade von 1511 in der Colombinischen Bibliothek zu Sevilla fand. Pergament 41 : 29 cm.
Cf. Harrisse, Disc. of N. Am., p. 433.

1503. Portugiesischer Portolan vom nordatlantischen Ozean.

Kohl. Collection no. 101. — J. G. Kohl, History of the discovery of Maine. Portland 1869.

Um 1504 (?). Portugiesische Weltkarte,

früher im Besitz von Rich. King in London.
Cf. E. T. Hamy, Notice sur une mappemonde portugaise anonyme de 1502, recemment decouverte à Londres. (Bull. de géogr. hist. et deser. Paris 1887, no. 4.) Mit Faksimile des amerikanischen Teils.

Die Karte entspricht Kunstmann, Taf. II, hat aber nur sehr wenige Namen. Hamy verlegt sie ins Jahr 1502.
Harrisse, Disc. of N. Am., p. 293, 431.

1504. Vesconte de Maggiolo.

Atlas, ausgestellt beim geogr. Kongreß zu Venedig 1881 (Katalog no. 433).
Das früheste Werk dieses Kartographen, aber leider nach dem Tode des Besitzers verschwunden.
Harrisse, Disc. of N. Am., p. 434.

Um 1505. Pedro Reinel,

ein portugiesischer Kartograph, der 1522 in spanische Dienste trat.
„Pedro Reinel a fez". Original in München, Hof- und Staatsbibliothek.
Kunstmann, Atlas, Taf. I. — Kohl, Discovery of Maine, Bl. IX, p. 177—179. K. Kretschmer, Taf. IX, 2.

Diese Karte enthält nur portugiesische Entdeckungen und zwar die Darstellung der Entdeckungen der zweiten Fahrt Caspar Cortereals, nach dem Berichte Pasqualigos, die Ostküste von Neufundland und das heutige Labrador bis vielleicht zum Anfang der Hudsonsstraße (aber nicht bis zur Hudsonsbai, wie Kunstmann S. 127 schreibt) in zusammenhängender Zeichnung, wie es die Vorstellung der Entdecker erheischte. Die Namen an der Küste bis C. Raso stimmen mit Ribero (1529), sind aber zahlreicher. Die Insel Sam Johan bei Neufundland erinnert an Cabots Reise 1497. Vgl. Loks Karte.

Das bei Cosa „C° do Ynglaterra" benannte Vorgebirge heißt hier zum erstenmal

C. Raso, jetzt entstellt Race. Die Y. dos bacalhas = Baccalieu [. (48° 9' N. Br.), Isla de frey Luis = Cap Froels (49° 15' N. Br.), C. St. Francis (47° 48' N. Br.) = R. de san francisquo.

1508. Johann Ruysch.

„Universalior cogniti orbis Tabula, ex recentibus conferta observationibus" im Ptolemaeus, Roma 1508. Kopien: Ghilleny, Martin Behaim. — Santarem, Atlas, 3e partie, fol. 45. — Kohl, Hist. of disc. of Maine, no. 6 u. p. 156. — Stevens, Notes, pl. 2. — Winsor, Hist. of Amer. III, 8. — Nordenskjöld, Facsimile Atl., Taf. XXXII u. p. 63. — Harrisse, Disc. of N. Am., pl. XVI, p. 219. — K. Kretschmer, Taf. IX, 3, u. S. 360.

Die erste gestochene Karte von den Entdeckungen in der neuen Welt; nach portugiesischen Vorlagen. Grönland und Neufundland bilden den am weitesten vorspringenden Teil Ostasiens; weiter südlich verläuft die asiatische Küste nach Toscanelli, auch die Insel Antilia noch in Toscanellis Weise. Die Darstellung von Südamerika, bis R. de Cananor, stimmt am meisten mit Kunstmann, Taf. II. Im Norden ist C. Race allein genannt als: C. de Portogesi. Die angebliche Halbinsel Florida, nach Cantino und Canerio, mit einigen verstümmelten Namen, erscheint als Inselgebiet, dessen Westgrenze noch unbekannt ist. Die dahinterliegende Küste Ostasiens wiederholt dieselbe Gestalt.

„La mappemonde de Ruysch sépare les possessions espagnoles des régions septentrionales par un énorme bras de mer, et lorsque la terre reparaît, c'est bien sous la forme de notre Terre-Neuve, dont l'extrémité méridionale, correspondant à ce que les cartes modernes appellent le cap Race, porte ici le nom de Cabo de Portogesi" (Harrisse, Les Corte-Real, p. 146).

Südamerika heifst Terra sanctae Crucis sive mundus novus. Die Insel Haiti wird für das Zipangu Marco Polos gehalten. Westlich von Cuba liegt der „Plisacus (?) sinus".

Südamerika tritt entschieden als ein grofses bisher unbekanntes Gebiet hervor, dessen Westküste aber noch fraglich ist. An der Ostküste hier zum erstenmal gedruckt der Fehler Abatia omnium sanctorum.

Auf der Karte von Ruysch kommt nicht ein Name vor am Festlande, der sich bei Juan de la Cosa findet. (Harrisse, Disc. of N. Am., p. 302.)

1509. Martin Waldseemüller.

Globus in Holzschnitt in 12 Segmenten. Dafs Waldseemüller der Verfasser sei, wird nur vermutet, ist aber noch nicht bewiesen. Einziger Abdruck im Besitz des Fürsten von Liechtenstein (früher Feldzeugmeister Hauslab).
Kopien: Erster gedruckter Globus, Martin Hylacomylus. Phot.-lith. K. K. Militär-Comité. Wien 1879. — Gallois, Les géogr. allemands. Pl. II. Paris 1890.

Nach d'Avezac (Bull. Soc. Géogr. 1872, p. 16) gehört die Darstellung ins Jahr 1509. Vgl. auch Gallois, p. 48. Dafs sie vor 1511 erschienen sei, hatte schon Kunstmann (S. 141 nota) ausgesprochen. Dies ist die erste Karte, die den Namen AMERICA trägt.

Die Ostküste Asiens wie bei Toscanelli-Behaim. Die Umrisse Amerikas sind roher als auf der sogenannten Admiralskarte in Ptolemäus, Strafsburg 1513, haben aber denselben Küstenverlauf. Man vergleiche dazu Cuba und die danebenliegende Küste (Florida), wie sie schon bei Cantino und Canerio gegeben ist. Die Rückseite der neuen Welt und die mittelamerikanische Meerenge, die schon Columbus suchte, ist nach Gutdünken entworfen.

Harrisse hält den Globus nicht für Waldseemüllers Arbeit, weil 1513 im Ptolomäus Nord- und Südamerika vereinigt, hier aber getrennt sind. Die pyramidale Form von Südamerika findet sich auch nur hier, nicht 1513 in der Tabula Terre Nove. Doch nimmt er auch etwa das Jahr 1509 an (l. c. 467).

Dafs Waldseemüller einen Globus um diese Zeit entworfen hat, steht fest. Dafs er einer der ersten sein würde, die den von ihm vorgeschlagenen Namen Amerika auch anwendeten, ist sicher anzunehmen. Die Abweichungen zwischen seinen Darstellungen von 1509 (?)

und 1513 können aus einer Änderung seiner Auffassung gedeutet werden, wie uns Ähnliches bei Schöners Arbeiten begegnet.

1511. Vesconte de Maggiolo aus Genua.

Atlas von 10 Karten auf Pergament. „Vesconte de Maiolo civis janue composuy in Neapoles de anno 1511, die XX Jannuary." Original im Besitz des Don Riceurdo de Heredia in Madrid.

Litt.: d'Avezac in Bull. soc. geogr. Paris 1870, p. 404. — Desimoni in Giornale Ligustico. 1875, Februar und März. — Studi Giogr. e bibl. della soc. geogr. Ital. II, 106. — Winsor, Bibliogr. of Ptolemy, sub 1511. - Harrisse, Cabot, p. 166. — Ders., Discov. of N. Amer., p. 468

Die Küsten Amerikas von Labrador bis zum C. St. Augustin.

Auf dem 6. Blatte, den Norden darstellend, die Inschriften: Terra de los Ingres, Terra de Lavorador de rey de portugall, Terra de corte reall de roy de portugall, terra de pescaria.

1511. Ptolomaeus, ed. Bernard. Sylvanus (Venedig).

Herzförmige Weltkarte. — Kopien: Nordenskiöld, Atlas, Taf. XXXIII. — Lelewel, Giogr. du M.-A., pl. XIV und vol. II, p. 151. — K. Kretschmer, Taf. X, 1 in stereograph. Planiglobenkonstruktion.

Vgl. Winsor, Bibliogr. of Ptolemy geogr.

Südamerika, nur der Ostrand, eine zusammenhängende Landmasse, ist als Terra sanctae crucis bezeichnet und nach portugiesischen Vorlagen entworfen. Nordwärts folgen einzelne Inseln und getrennte Küstenlinien mit den Benennungen: Ispaniarum insu., terra Cube mit demselben kolbigen Abschluß im Westen wie bei Canerio, dann regalis domus (als Übersetzung von Corte real) und Terra laboratorum.

1510—1512. Globus Lenox,

aus Kupfer, 127 mm Durchmesser. In der Lenox-Bibliothek zu New York.

Kopien: Mag. of Amer. hist. Sept. 1879. — Encyclop. Brit. X, 684 (1879). — Winsor, Hist. of Amer. II, 123, 170, 111, 212. - Nordenskiöld, Atlas no. 43, p. 75. - K. Kretschmer, Taf. XI, 1 u. S. 395.

Der Lenox-Globus zeigt die dreieckige Gestalt Südamerikas ähnlich wie Waldseemüllers Globus, nur etwas voller, und mit den drei Namen Terra de Brazil (in Ecuador), Mundus novus und Terra sanctae crucis. Außerdem die Namen der drei größern Inseln Spagnola, Isabel (Cuba) und Zipangri, dieses in der Gegend des heutigen Yukatans. Die Entdeckungen Cortereals und Cabots in Nordamerika treten als einzelne namenlose Inseln auf.

1512. Joh. de Stobnicza.

Introductio in Claudii Pthoiomei Cosmogr. Cracov. 1512.

Kopien: Nordenskiölds Atlas, Taf. XXXIV. — Winsor, Hist. of Amer. II, 116, 111, 13. - K. Kretschmer, Taf. X, 3, u. S. 386.

Rohe Holzschnittkarte der westlichen an den Polen abgestutzten Hemisphäre bis südwärts zum 40.° S. Br., nordwärts zum 70.° N. Br., die Darstellung wohl nach derselben Vorlage wie die Karte im Ptolemäus von 1513. Amerika erscheint durchaus selbständig, in sich zusammenhängend, von Asien getrennt. Es gibt keine mittelamerikanische Meerenge. Zipangu Insula liegt gleich hinter Mexiko; Ostasien nach Toscanelli. Die Umrisse von Nordamerika, Cuba und Haiti wie bei Canorio. Die nördlichste Inschrift hat man gelesen: ortus de bona ventura; es heißt aber: caput de b. v. Nur ist das mittlere Stück aus dem Buchstaben t ausgebrochen, wie ein Vergleich mit dem caput descado in Südamerika zeigt. Das Caput bonaventura findet sich zuerst bei Reinel 1505. Stobnicza spricht, wie schon Waldseemüller, von vier Erdteilen.

Außerdem findet sich in Nordamerika noch in der Halbinsel Florida der Name isabella; ferner spagnola. In Südamerika: arvay caput destado (statt descado), Gorffo Cremoso, Caput s. crucis, monte fregoso. Die von Harrisse (Disc. of N. Am., p. 473) gegebenen Lesarten weichen etwas ab; endlich Allapego; arvay findet sich vollständig bei

Canerio als arcay bacoia; cabo desoado und golfo fremoso bei Cantino und Canerio; cabo sta croce, monte fregoso und Allopego (de sam paullo) i. e. Pagus S. Pauli, wie Schöner und Waldseemüller es übersetzen, bei Canerio.

Nach 1512. Karte von Westindien.

Holzschnitt, in einer spätern Angabe von Peter Martyrs erster Dekade seines Werkes de rebus oceanicis, die zuerst 1511 in Sevilla erschien. Die Karte ist nur in einigen Exemplaren erhalten; vielleicht ist sie unterdrückt.

Kopien: Nordenskiöld. Atlas no. 38, p. 67. — Winsor. Hist. of Amer. II, 110. — K. Kretschmer, Taf. X, 2, u. S. 283. — Eine modernisierte, nicht fehlerfreie Nachbildung in Schumacher, Petrus Martyr. New York 1879. — Andre Nachbildungen nach Winsor (l. c.) in: 1. Carter Brown Catalogus; 2. Stevens notes, pl. 4; 3. J. H. Lefroys Memorials of the Bermudas. London 1877.

Vgl. Harrisse, Bibl. Am. Vet. no. 66. — Additions, p. VIII n. no. 41. — Harrisse, Disc. of Am., p. 474.

Diese Karte ist nach einer spanischen Seekarte entworfen.

Hier erscheinen zuerst die Bermudas. Folgende Namen stehen auf der Karte: los incaios, saut jnä (Puertorico), illa española, iamaica, ilha do cuba, illa de beimeni (Florida), guanasan, c. gracia de dios, aburema, veragua, el marmol, tariene (Darien), uraba, C. de la vela, coquibacoa, la margarita, y de las perlas, g. de parin, la trinidad, R. grande, C. de la cruz. Die Zeichnung der Küste von Bimini scheint auf eine spätere Zeit als 1511 zu weisen.

1513. M. Waldseemüller.

Tabula terre nove, die sogenannte Admiralskarte im Ptolemaeus (Strassburg 1513). Das Original zu dieser Holzschnittkarte ist Canerio. Die Namen gehen nicht weiter nach Westen als Hojedas Reise 1499 und Vespucis Fahrt nach Süden 1503.

Lelewel (II, 143) vermutet, daß die Karte schon 1507 geschnitten ist.

Kopien: Varnhagen, Premier voyage de Vespucci. — Stevens, Hist. and geogr. notes, pl. 2. — Winsor, Hist. of Amer. II, 112; IV, 34. — Nordenskiöld, Atlas, Taf. XXXVI. — K. Kretschmer. Taf. XII, 1, u. S. 386.

Vgl. H. Harrisse, Disc. of N. Am., p. 310 u. 477. — Lelewel, Geogr. du M. Age, vol. II. 147 u. 158.

1513. M. Waldseemüller

„Orbis typus universalis juxta hydrographorum traditionem" im Ptolemäus (Straßburg 1513).

Holzschnittkarte, das Bild der Erde nach Art der Plattkarten dargestellt. Die neuere Kenntnis von Südasien reicht bis Malaka, Ostasien ist im Stil Toscanellis gehalten. Grönland bildet eine langgestreckte Halbinsel von Europa. Die Küsten Südamerikas sind nur angedeutet.

Kopien: Nordenskiöld, Atlas, Taf. XXXV. — Ruge, Zeitalter der Entdeckungen, S. 6. — Winsor, Hist. of Am. II. 111.

1513. (?)

Skizze einer portugiesischen Karte, von Sumatra bis zu den Molukken und jenseits derselben im Osten der ziemlich gerade Verlauf der amerikanischen Westküste.

Original in München. Hauptkonservatorium der Armee: nach Winsor.
Umrißzeichnung bei Winsor, Hist. of Am. II, 440.

1515. G. Reisch.

Weltkarte in Margarita Phibs. (Straßburg 1515. 4°.) Holzschnitt.

Kopien: Nordenskiöld, Atlas, Taf. XXXVIII. — Stevens, Hist. and geogr. notes, pl. 4. — Winsor II, 114. — K. Kretschmer. Taf. X, 4. u. S. 388.

Die Zeichnung der Neuen Welt erinnert an Waldseemüllers Darstellung. Der amerikanische Teil nachgebildet in der Zeitschr. für wiss. Geogr. V, 1. In der dazu gehörigen Abhandlung „Zoona Mela" erklärt Wieser diesen merkwürdigen Namen in Nordamerika, der auf Joanna, d. h. Cuba hinweist.

Sowohl in Cuba als in Haiti steht der Name Isabella. In Südamerika liest man:

Dacoia, Antropophagorum maxima gens hic est. Caput S. Crucis. Paria seu Prisilia als Bezeichnung für Südamerika.

Ostasien und Zipangu nach Toscanelli.

Vgl. Harrisse, Disc. of N. Am., p. 481 u. 313.

1515. Joh. Schöner.

Globus in Frankfurt und Weimar (Militärbibl.), 27 cm Durchmesser.
Kopien: Jomard, Monuments de géogr. no. 15 u. 16. — Wieser, Magalhãesstrafse, Taf. II. — Nordenskiöld. Atlas (nach Jomard), no. 46 u 47, p. 78 u. 79. — Harrisse, Disc. of N. Am, p. 481 bis 489. — Winsor, Hist. of Am. II, 118. — K. Kretschmer, Taf. XI, I.

In den Inseln von Nord- und Südamerika ist durch Grenzlinien angedeutet, welche Teile der Küsten angeblich noch nicht erforscht sind.

Nordamerika heifst Parias, Südamerika AMERICA; Zipangri und Ostasien nach Toscanelli; vor der mittelamerikanischen Meerenge ein Schiff. Südlich von Südamerika tritt hier zum erstenmal das unbekannte Südland: Brasilie regio, entworfen nach der Zeitung aus Presilgland, auf. Engroneland erscheint noch wie 1513, als Halbinsel von Nordeuropa Die Namen an der Ostküste Südamerikas stammen sämtlich aus dem Ptolemäus von 1513, merkwürdigerweise sind aber die Namen nicht bis Cananor fortgeführt, sondern halten bei St. Thomae inne, um für das untere Brasilland Raum zu gewinnen.

Zu dem Globus gehört Schöners Schrift Luculentissima quaedam terrae totius descriptio (Nürnberg 1515), worin er bestimmt erklärt, dafs die drei Erdteile der Alten Welt einen Kontinent für sich bilden, aber die neue Welt rings vom Meer umgeben, eine Inse sei, „sed quarta est insula". Die Gestaltung der Ostküste von Nordamerika ist wie bei Canerio, Ruysch und Waldseemüller. Die Namen, die Harrisse p. 487 in Südamerika angibt, sind zwar meistenteils auf dem Globus Schöners von 1520, aber nicht auf Jomards Kopie des Globus von 1515 angegeben. Harrisse nennt seine Quelle nicht.

1515. J. Schöner.

Globus in Wien, Sammlung des Fürsten von Liechtenstein, 36 cm Durchmesser.
Litt.: Varnhagen, J. Schöner u. P. Apianus (Wien 1872). — M. J. Luksch in Mitteilungen der K. K. geogr. Gesellschaft in Wien 1886, S. 364, mit Nachbildung des amerikanischen Teils. — Gallois, Les géogr. Allemands, p. 80 u. Taf. III. — Harrisse, Disc. of N. Am., p. 491.

Hier fehlt noch das Südland, Brasilie regio. In Nordamerika steht nur, wie auf dem Globus von Weimar, Parias.

Um 1515. Joh. Schöner.

Globus, auf Holz gemalt, Durchmesser 24 cm, seit 1879 in der Nationalbibl. zu Paris. Durchaus dem Globus von 1515 ähnlich, auch das Südland ist vorhanden.
Kopien: Gallois, Les géogr. Allem., Taf. IV. — H. Harrisse, Disc. of N. Am., p. 489—491. — G. Marcel, Un globe manuscrit de l'école de Schoener (Bull. de Géogr. hist. et deser. (Paris 1889, p. 173).

Viermal ist der Name America eingeschrieben, zweimal in Nordamerika, auch in der südlichen Halbinsel dieses Gebiets, die in dem Globus von Weimar Parias hiefs, und zweimal in Südamerika. Die Namen in der nordamerikanischen Insel stammen alle von Canerio.

In Südamerika wird der Name America mit Hinweis auf den (angeblichen) Entdecker erläutert: „America ab inventore nuncupata".

Harrisse, p. 491, macht auch noch auf eine Eigentümlichkeit aufmerksam, dafs in Südamerika mehrere (vier) Gegenden als regio bezeichnet sind, nämlich Regio grande, Regio de S. Antonio, Regio Santi Hieronimi und Regio de Cananorino, diese in der Südspitze des Landes. Offenbar liegt eine Entstehung aus Rio vor, wie es namentlich beim Rio grande am meisten auffällt. Wenn man ferner die Legende findet: Hic reperiuntur rubei psitaci, wofür sonst gewöhnlich das Papageienland (Papagalli terra) genannt ist, so weis' das auf eine Vorlage hin, in der, wie schon auf der Cantinokarte, dieser Schmuckvogel in prächtigen Farben gemalt war. Man kann gern zugeben, dafs dieser Globus nicht das eigenhändige Werk Schöners ist, aber es bleibt zweifellos eine Kopie seiner Darstellung von 1515.

<h2 style="text-align:center">1514—1518. Lud. Boulenger.</h2>

Globussegmenten, früher als „die Tredegares" bekannt

Kopien: Katalog von Tross (Paris 1881). Nr. 1921. — Winsor, Hist. of Am. II. 120. — Nordenskiöld, Atlas, Taf. XXXVII⁶. — K. Kretschmer, Taf. XI, 2.

Harrisse (Cabot, p. 182) schreibt die Arbeit dem französischen Kosmographen Boulenger zu. Das einzige Exemplar, in einer Lyonoser Ausgabe von Waldseemüllers Cosmographiae introductio gefunden, ist im Besitz von C. H. Kalbfleisch in New York.

Diese Ausgabe der Cosmographiae introductio ist ohne Jahr, aber dem Bischof Jacques Lefertot von Alby gewidmet, der vom 22. November 1517 bis 26. Mai 1518 den bischöf ...en Stuhl innehatte. Danach könnte der Globus nur in diese Zeit fallen.

Aber neben denselben findet sich noch ein Kupferstich in dem Schriftchen, das „Artificio Ludovici Boulengier, Allebie 1514" bezeichnet ist. Jedenfalls muß also der Globus zwischen 1514 und 1518 gestochen sein. Die Zeichnung weist auf Waldseemüllers Globus; selbst die Inschrift: Universalis cosmographiae descriptio tam in solido quam plano findet sich bei Waldseemüller. Die Inschrift Cod in einer Insel östlich von Nordamerika, in der Lago von Haiti, hat wohl auf die Fischgründe bei Neufundland hinweisen sollen. Auf dem Festlande steht dort Nova.

Südamerika ist wie bei Waldseemüller (1513) dargestellt: „America noviter reperta". Nördlich von der mittelamerikanischen Enge verläuft die Küste ähnlich rechtwinkelig wie im Ptolemäus 1513. Westlich von der Meerenge liegt Zipangri, und die Ostküste Asiens ist wie bei Toscanelli dargestellt. Winsor (II, 214) verlegt den Globus nicht früher als 1518.

<h2 style="text-align:center">1518. Weltkarte in 12 Globussegmenten,</h2>

Holzschnitt (Nordenskiölds Sammlung. Fürst Liechtenstein in Wien und Nationalbibliothek zu Paris).

Dieser Globus ist wahrscheinlich in Ingolstadt entworfen, der einzigen in ganz Europa, außer S. Jacobus (S. Jago) in Spanien, namhaft gemachten Stadt. Außerdem finden sich noch die Städtenamen Hierusalem, Mecha und Callicut. Amerika zerfällt in drei Gruppen: 1. Nordamerika (hier Terra Cuba und Parias genannt), 2. die Antillen, von denen aber nur Hispaniola benannt ist und 3. Südamerika. Bei Hispaniola findet sich der wichtige Zusatz: in qua reperitur lignum Guaiac. Diese Droge, die gegen Venerie angewandt wurde, ist, wie Harrisse (Disc. of N. Am.), p. 496) nachweist, nicht vor 1517 in Deutschland bekannt geworden. Demnach kann auch der Globus nicht früher angesetzt werden. In Südamerika steht: America, terra noua inventa est 1497. Diese Jahreszahl ist auf Vespuccis quatuor navigationes zurückzuführen und erscheint hier zuerst. Danach folgt die Weltkarte Apians 1520. Die Aufführung des Namens Ingolstadt legt die Vermutung nahe, daß der Globus eine Arbeit Peter Apians ist.

Vgl. Nordenskiöld, Om en märklig Globakarta från början of sextonde seklet. Stockholm 1884. Derselbe, Atlas, p. 76 u. Taf. XXXVII. — Harrisse, Disc. of N. Am., p. 496. 497.

<h2 style="text-align:center">1519. Vesconte de Maggiolo.</h2>

Atlas von 7 Karten auf Pergament, in München. Getreue Nachbildung der Karte der Küste von Mittelamerika bis zum Laplata in Kunstmann, Taf. V, vgl. S. 135 u. 76. Kopie in Santarems Atlas. „Vesconte de Maiollo civis Janue composuy hanc cartam in Janua de anno Domini 1519".

Vgl. Atti soc. Lig. rend. 1867. p. 92. 271. — Desimoni, Giorn. Ligust II, 54. - Kohl, General- karten S. 30. 146. — Studi biogr. e bibliogr. II, 108.

Diese Karte ist besonders merkwürdig durch die Aufzählung fast aller kleinen Antillen; die Liste ist vollständiger als auf allen vorhergehenden Karten. Auch die Inseln unter dem Winde sind fast alle genannt. Maggiolo nennt zuerst Mona, Negada, Sa Crux, Son- brero, Lanquoilla, Barbuda, Retonta, St. Vincent; einige allerdings an falscher Stelle. Die abweichenden Formen: Montes, Aruba, Boinj, Brama malgaica für Monjes, Oruba, Buen ayre

Tortuga, zeigen, dafs, abgesehen von dialektischen Verschiedenheite. eine Vorlagen zum Teil nicht gut leserlich waren. Die Küstenumrisse, besonders Mittelamerikas, sind weniger getreu als bei frühern; Haiti ist gegen Cuba viel zu grofs, Spagnola ist ihm die Insel Antilia.

Die Küsten Südamerikas von Trinidad bis Kap S. Roque sind unbestimmbar; die Namen finden sich auf frühern Karten nicht, es fehlen die originellen Bezeichnungen.

Von Kap San Roque bei Cananea stimmt Maggiolo oft in ganzen Namenreihen mit Canerio, dann aber kommen Sprünge dazwischen, wo er Namen ausläfst. Hin und wieder aber weifs er auch neue Namen einzuschieben, so dafs Canerio nicht allein sein Vorbild gewesen sein kann. Von Cananea bis Kap S. Maria verläuft die Küste wieder ziemlich charakterlos und ist schwer bestimmbar.

1519 (?). Karte von Mittelamerika und Westindien.

Bibliothek zu Wolfenbüttel. — H. Harrisse, Disc. of N. Am., p. 502.

1519. Pinedas Karte vom Golf von Mexiko.

Original im Ind. Archiv zu Sevilla. — Kopien: Winsor, Hist. of Am. II, 218. — Weise, Discoveries, p. 278. — K. Kretschmer, Taf. XIV, 6 u. S. 392.

Pineda nahm auf Befehl F. Garays die Nordküste des Golfs von Mexiko auf. Die Karte wurde 1521 dem Kaiser Karl vorgelegt (Navarr. III, 148). Eine Kopie des Originals in Navarreto, l. c.

Auf Pinedas Aufnahme beruht die Darstellung in der Karte von F. Cortes 1524 und in den Generalkarten von 1527 und 1529, die Kohl herausgegeben hat.

Yukatan erscheint nicht als Insel, sondern als Halbinsel, südlich davon im Lande die Inschrift Tierra firme. Das Co y Pta de la Higueras ist wohl identisch mit dem Cape the three points am Golfo Amatique. Im heutigen Honduras steht der Name Pinzones.

Im Folgenden sind die Inschriften vollständig angegeben:

La Florida que décian Binini que descubrió Juan Ponce.

An der westlichen Wurzel der Halbinsel steht: Hasta aqui descubrió Juan Ponce.

Auf halbem Wege zur Mündung des Mississippi (Rio del espiritu santo): Desde aqui comenzo a descubrir Francisco Garay.

Südlich vom Rio Pannco: Tamahox provincia, und etwas unter 21° N. Br.: Hasta aqui descubrió Francisco de Garay hacia el oeste, y Diego Velasquez hacia el Leste hasta el cabo de las Higueras que descubrieron los Pinzones, y se les ha dado la población".

Dafs das Original aus dem Jahre 1519 stammt, darüber vgl. Harrisse, Disc. of N. Am., p. 152 und 502—503.

Nach 1519 (?). Leonardo da Vinci (?).

Zeichnung zu 8 Globussenloten.
Original in Queens collection in Windsor (zuerst veröffentlicht in R. H. Major, Memoir on a mappe-monde by Leonardo da Vinci in der Archaeologia, vol. 40 (London 1865).
Kopien: Wieser, Magalhãesstrafse, Taf. III. — Winsor II, 126. — Nordenskiöld Atlas, Nr. 45. p. 77. — K. Kretschmer, XI, 3 u. S. 389.

Die Gestalt Südamerikas erinnert an Waldseemüller und Schöner. In Südamerika steht der Name: America, nördlich davon liegen die Inseln Zipangu, Terra Florida, Cuba und Isabella, und fern im Norden Bacalar.

J. P. Richter (Da Vinci) bezweifelt, dafs die Darstellung von Leonardo sei, ebenso d'Adda (Leonardo da Vinci o la cosmografia [Perseveranza 1870, Mailand]) und G. Govi (Leonardo letterato e scienziato [Saggio delle opere de Leonardo da Vinci, Mailand 1872, p. 12]).

H. Harrisse (Disc. of N. Am., p. 504) weist auf die in neuen Namen hervortretende Verwandtschaft mit der Turiner Karte und andern spanischen Karten hin und glaubt für die Zeit der Entstehung ein noch späteres Jahr als 1519 (Todesjahr da Vincis) ansetzen zu müssen. Übrigens zeigen die Namen America und Abatia (für Bahia) auch die Beziehung zur deutschen Kartographie.

1520. Peter Apianus.

Herzförmige Weltkarte: Holzschnitt 42 : 29 cm: Tipus orbis universalis iuxta Ptolomei cosmographi traditionem et Americi Vespucii aliorumque lustrationes a Petro Apiano Leysnico elucubratus aňo Domini 1520 in Camers. Solinus (Viennae Austriae 1520) und Vadianus, Pomp. Mela (Basel 1522).

Kopien in Carter Brown, Catalogue. — Santarem. Atlas. — Nordenskiöld, Atlas, Taf. XXXVIIIb.

Ostasien und Japan ganz nach Toscanelli. Nordamerika als schmale Insel, im Süden der Nemo Parias, wie bei Schöner. Die Küsten nach Canerio, Cuba in alter Gestalt, mittelamerikanische Meerenge. In Südamerika, in America provincia, dieselbe Inschrift wie in Ptolem. 1513, „Anno 1497 hec terra cum adiacentibus insulis inventa est per Columbum Januensem ex mandato regis Castelle". Auch hier, wie auf dem Ingolstadter Globus von 1518 (?), die auf das Guajakholz bezügliche Inschrift.

Vgl. Harrisse, Disc. of N. Am., p. 505.

1520. J. Schöner.

Globus in Nürnberg, german. Museum.

Dieser Globus ist viel gröfser und ausführlicher als der von 1515. Der Durchmesser beträgt ca 36 cm. Hier allein ist die Jahreszahl eingetragen.

Kopien: Ghillany. Martin Behaim. — Santarem, Atlas, Nr. 75. — Lelewel, Atlas — Kohl, Hist. of l'ov. of Maine. Karte 7 (Nordamerika) und p. 158. — Derselbe, Geschichte der Entdeckungsreisen . . Magellanstrafse. Berlin 1877. — Harpers Magazin. Dez. 1882, p. 731. — Wieser, Magalhães-strafse, Taf. 1. — K. Kretschmer, Taf. XIII u. S. 394. — Vgl. Harrisse, Disc. of N. Am., p. 316 und 506.

Abweichungen vom Globus 1515:

1. Terra Corterealis als besondere Insel: haec terra inventa est ex mandato regis Portugalliae per capitanum Gaspar Cortereal. Anno Christi 1501.

2. Die grofse südliche Bucht in Brasilia inferior ist Land geworden.

3. Die Namen an der Ostküste Südamerikas gehen nicht blofs bis C. de S. Thome, sondern bis Cananor.

4. Nordamerika heifst im Norden Terra de Cuba, im Süden Parias.

5. Südamerika heifst America vel Brasilia sive Papagalli terra.

Wenn auch vorherrschend der Ptolomäus 1513 als Vorlage gedient hat, so doch nicht ausschliefslich. Den Rio de Don Diego findet man nur bei Canerio und Cantino. Auch ist auffällig, dafs viele Namen in Nordamerika gerade so entstellt sind wie bei Canerio.

Die Namen lix leo am Golf von Darien, monte rotondo, Rio de flagranza, Rio de foro seco kommen auch bei Ruysch vor.

Der Verlauf der nördlichen und östlichen Küsten von Südamerika ist zwar bei Schöner richtiger als bei Apian (vgl. Humboldt und Ghillany, S. 9), allein die Zeichnung bleibt schablonenhaft. Alle Flüsse laufen nach Nordost.

Die Sera de S. Maria entspricht in der Lage dem C. de S. Maria bei Juan de la Cosa. Die Namen Rio de pereza, Rio de mezo, Rio S. Jacobi und Rio S. Augustin, Rio de virgin u. a. hat nur Canerio.

Es ist lehrreich, auf der Strecke von Kap Roque bis Cananea die Namen bei Canerio, Ruysch, Ptolemäus 1513 und Schöner zu vergleichen. Die Legenden des Globus sind noch auf keiner Nachbildung vollständig wiedergegeben.

Um 1520. Portugiesische Karte,

irrtümlich früher als Saloat de Pilestrino zu Mallorques bezeichnet. Original in München (Katalog über die im Kgl. bayr. Haupt-Konservatorium der Armee befindlichen Landkarten und Pläne, München 1832, S. 6 und 7).

Genaue Nachbildung in Kunstmanns Atlas, Taf. IV. K. Kretschmer, Taf. XII, 2. — Die Küsten von Neuschottland und Labrador in Winsor, Hist. of Amer. III, 36; vgl. Kohl, Disc. of Maine, p. 179 und Karte X, Harrisse, Disc. of N. Am., p. 508.

Die erste bekannte Karte, auf der die Entdeckung des Großen Ozeans durch Balboa dargestellt ist, was in großen Buchstaben gemeldet wird: MAR VISTO PELOS CASTEL-LIANOS, während sonst durch gleiche Formen nur Ländernamen ausgezeichnet sind: TERA BIMINI, ATILHAS DE CASTELA, BRASILL und endlich weit nordöstlich im Ozean: BACALNAO und DO LAVRADOR.

Die zusammenhängende Darstellung reicht von Yukatan bis zum Laplata.

Die Küsten Yukatans zeigen, daß die Karte nicht vor 1517, nicht vor Hernan Cordobas Fahrt anzusetzen ist; aber die eingetragenen Küstennamen passen nicht zu Cordobas Reise. Von den Entdeckungen Grijalvas ist noch nichts bekannt. Nach der Nomenklatur könnte man vermuten, es lägen hier Zeugnisse und Spuren einer noch frühern uns unbekannten Expedition vor (vgl. Kohl, Generalkarten, S. 102). West-Cuba hat richtige Gestalt bekommen. Die Bahama-Inseln und die südamerikanischen Namen weisen auf ganz andre, vielleicht spanische Quellen, als in den bis dahin uns bekannten Karten vorkommen. Die Namen weichen sehr ab. Von Yukatan bis Trinidad und bis zum Äquator finde ich nur folgende schon bekannte Namen: Darion, l. fuerta, tortuga, Kap de la Vera (Vela) und Las peilas (i. e. porlas). Es müssen verschiedene Karten als Vorlage gedient haben. Harrisse (l. c.) hat die Vermutung ausgesprochen, es könnte das Original von Colons vierter Reise, allerdings nicht unmittelbar, zu Grunde liegen. Dagegen meint Kohl:

„The latitude and longitude, given on our map to the portuguese discoveries, are much more correct, than those given to the Spanish dominions; which fact proves, that the Portuguese map-maker had not very good authority for his spanish insertions" (Kohl, p. 181).

Aus den häufigen Fahrten nach Brasilien stammen die Namen der Felseninseln S. Paul (nördlich vom Äquator), acemsam (ascension), atrimdado, martim vaz.

Die Demarkationslinie (nach dem Vertrag von Tordesillos, 7. Juni 1494) teilt die Karte, auf ihr sind die Breitengrade angegeben.

1521. Lazaro Luis.

Ihm wird eine äußerst zweifelhafte Karte von Canada zugeschrieben Winsor, Hist. of Am. IV, 37.

1522. Laurentius Friefs aus Kolmar.

Orbis typus universalis, gez. L. F. im Ptolemäus (Straßburg 1522), nachgebildet nach dem Ptolemäus 1513 und etwas abgeändert im Ptolemäus 1525 und 1535.
Kopie: Nordenskiölds Atlas, Taf. XXXIXa. — K. Kretschmer, Taf. XIV, 1.

1522. L. Friefs-Waldseemüller.

Tabula Terre Novo, nach der gleichnamigen Karte Waldseemüllers für den Ptolemäus (Straßburg 1522) nachgebildet, mit einigen unbedeutenden Änderungen in Namen und mit Hinzufügung längerer auf die Entdeckung bezüglichen Legenden.
Harrisse, Disc. of N. Am., p. 515.

1522. Karte der Magalhaesstrafse

im Manuskript von Antonio Pigafettas Reisebericht (Nationalbibl. Paris). Hier zuerst der Name „Mor pacifiquo".
Vgl. Harrisse, Disc. of N. Am., p. 516.

Um 1523. Turiner Weltkarte.

Auf Pergament, 202 : 100 cm. Der amerikanische Teil zuerst von Harrisse (Disc. of N. Am., p. 528 und III. XIX) veröffentlicht.

Die Legenden sind spanisch und lateinisch, selten portugiesisch. Die Zeichnung reicht von Florida, das aber noch als Insel dasteht, bis zum Feuerlande. Ob Yukatan als Insel gedacht ist, bleibt unentschieden. Die Küsten des Golfs von Panama sind schon eingetragen. Nordwestlich von der Magalhäesstrafse am Grofsen Ozean steht die Inschrift: „Tierra de diziembre". Diese Benennung steht auf keiner andern Karte, aber sie kann nur durch Sebastian del Cano nach seiner Erdumsegelung (er landete in Spanien 6. September 1522) bekannt geworden sein.

Diese Karte, nach Cesa die erste, die auf spanischen Aufnahmen beruht, bringt zahlreiche bisher nicht vorgekommene Ortsnamen, und ist daher sehr wichtig. Dazu sind die meisten Namen richtig geschrieben, — auch ein seltener Vorzug. Man darf vermuten, dafs der Zeichner nach den Quellen oder höchstens aus zweiter Hand schöpfte.

Vom Rio de S. Francisco bis Rio de S. Augustin stimmen die Legenden fast wörtlich mit Canerio. Was Canerio Alapego de Sam Paullo nennt und von Deutschen zu einem Gau (pagus) gemacht war, heifst hier Arcipelago de S. Pablo. Der letzte Name im Süden: Tierra de diziembre weist auf den Aufenthalt Magalhães an der Küste des Grofsen Ozeans hin. M. verliefs die nach ihm benannte Strafse am 28. November und hielt sich an der amerikanischen Küste nordwärts bis zum 16. Dezember, wo er westwärts steuerte. (Harrisse, l. c. 533).

Um 1523. Juan Vespucci.

Eine kleine gestochene Weltkarte in äquidistanter Polarprojektion, vermutlich in Venedig gearbeitet, mit dem Titel: Totius orbis descriptio tam veterum quam recentium geographorum traditionibus observata novum opus Joannis Vespucci Florentini macoleri regis Hispaniarum mira arte et ingenio asolutum. Mit flüchtigen Umrissen und wenig Namen.

Kopie von H. Harrisse (Disc. of N. Am., pl. XX) zuerst mitgeteilt.

Eine verbesserte Auflage erschien 1524 (Sammlung des Fürsten v. Liechtenstein in Wien) 1879 photolithographisch vervielfältigt.

1524. F. Cortes.

Eine Holzschnittkarte vom Golf von Mexiko, beigegeben seinem zweiten Briefe an den Kaiser vom 30. Oktober 1520. Gedruckt mit dem Brief in Nürnberg 1524.
Kopien: Stevens, Amer. Bibliogr., p. 86. — Derselbe, Notes, pl. IV. — Winsor, Hist. of Am. II. 401.

Die Karte stellt die Küsten des Golfs von Mexiko als von einem Festlande umschlossen dar, Yukatan als Insel. Die Namen der Flüsse und Vorgebirge, von Yukatan bis zum Rio Panuco, sind nicht ganz in gleicher Reihenfolge, nicht vollständig, und nicht richtig in der Schreibweise wie bei Pineda.

Vgl. Harrisse, Disc. of N. Am., p. 509.

1524. Peter Apian.

Cosmographicus Liber (Landshut 1524), darin 2 kleine Kärtchen in stereogr. Polarprojektion. Die nördliche Erdhälfte in Nordenskiölds Atlas Nr. 57, p. 93.

Grönland neben Norwegen. Nordamerika fehlt. Südamerika hat rohe Umrisse, ähnlich wie in Ptolemäus 1513; darin die Namen: Bacoiu, Canibales und Caput S. Cru, aufserdem die beiden Inseln ysabella und spagnola.

Ostasien ähnelt der Darstellung Toscanellis.

1525—1530. Laur. Friefs (Frisius) aus Kolmar.

Ein Atlas von Karten, die zu der „Underweisung und aflegunge der Cartha Marina oder die Mercarten" (Strafsburg 1530) gehören.

1. Carta marina navigatoria Portugalien. etc. generaliter monstrat. 1525.
Eine Skizze davon in Winsor, Hist. of Amer. II, 197.

Die Küste westlich von Cuba ist ähnlich gezeichnet wie bei Canerio, trägt aber die Inschrift: Terra de Cuba, partis Affrice. Diese Karte findet sich schon in der Ausgabe von 1525.

Eine Skizze vom Golf von Mexiko in Winsor II, 128.

2. Am Ende des untersten Blattes der vierten Karte die Inschrift: Carta marina universalis emendata et veritat. restituta a Laur. Frisio anno 1530.

Es sind verkleinerte Kopien der ursprünglich von Waldseemüller gefertigten Karten.
Vgl. Kohl, Collection Nr. 93 u. 102 (Okt. 1884, Cambridge, Mass.).

1525. Spanische Planisphere.

Im Besitz des Marquis Castiglioni in Mantua, der, wie Harrisse (p. 539) mitteilt, nicht gestattet, daß von der Karte eine Kopie gemacht wird.

Bei den Entdeckungen des Estevan Gomez zeigt die Inschrift: „Tierra que descobrio Estevan Gomez esto año de 1525" deutlich an, daß die Karte in „diesem Jahre 1525" entstanden ist.
Vgl. Portioli, Carte e memorie geogr. in Mantova (1876). p. 24. — Stndl II, 412.

1525. Ruiz de Estrada und Poñate.

Piloten Franz Pizarros und Almagros. Karte vom Golf von Panama.
Faksimile I. Oviedo, Hist. general ed. A. de los Rios (Madrid) I, 56 und IV, pl. IVª. p. 117.
Harrisse, Disc. of N. Am., 540.

1525. Karte vom Golf von Nicoya.

Faksimile in Oviedo, Hist. gen. III, pl. 2, ed. A. de los Rios (Madrid).

1525 (1560). Alonso de S. Cruz.

Karte der Entdeckungen Estevam Gomez' in 1524—1525 in dem Isolario general del Mundo. Manuskript in Wien. Tierra que descubrio el piloto Estevan Gomez.
Kopie in Harrisse, Disc. of N. Am., J. XI.

1525. Ptolemäus

von Wilibald Pirkheimer, Straßburg, zwei Karten:

1. Universalkarte,
2. Karte der Neuen Welt,

die dem Ptolemäus von 1522 gleichen und Nachbildungen Waldseemüllerscher Karten sind.

1526. Franciscus Monachus aus Mecheln. (François Le Moyne ?).

Zwei kleine Hemisphären in Holzschnitt in der Abhandlung De orbis situ . . . Francisci Monachi ordinis Franciscani. (Antwerpen 1526). Faksimile in Harrisse, Disc. of N. Am., p. 282 u. 548. Veränderte Nachbildung bei Lelewel, pl. XCVI und K. Kretschmer, Taf. XVIII, 2.

Hier hängt zum erstenmal Amerika auf breiter Strecke mit Asien zusammen.

In Nordamerika, das bei Baragua von Südamerika durch eine Straße getrennt ist, stehen die Namen: Mongallia, Bergia (das Bargu Marco Polos), Tamago und Covacat' (nicht Covacala, wie in Kretschmers Atlas steht); in Südamerika: Dabaiba, Parias und America.

Harrisse (p. 550) vermutet, daß Schöner auf seinem bis jetzt verlorenen Globus von 1523 schon den Gedanken der festen Verbindung von Asien und Nordamerika zum Ausdruck gebracht habe.

Derselben Vorstellung huldigten weiter: der vergoldete Globus um 1528, die Sloane-Karte um 1530, doppelherzförmige Karte von O. Finé, 1531. Schöners Globus von 1533 in Weimar, der Holzglobus um 1535 in Paris, der Globus von Nancy um 1530, herzförmige Karte von O. Finé, 1530, Globus von Kaspar Vopell, 1542 und 1543 und seine Weltkarte 1556, die Weltkarten Gastaldis von 1546, 1548 (Universale) und die Kopien Forlanis 1562, 1570, Camotios 1562, Duchetis 1570, Weltkarte Honters 1561, Globus von Pretorius ?? Nürnberg 1566, Cimerlinos Ausgabe der Karte Finés von 1536 aus dem Jahre 1566.

1527 (?). Carta nautica.

Eine Weltkarte auf Papier in der Laurenzlana zu Florenz. Verf. unbekannt. Vgl. Studi II, 114.

Nur die Ostküste Amerikas ist von Labrador bis zum Feuerlande gezeichnet. Die Inschriften sind spanisch und lateinisch. Das Schiff Victoria von Magalhães' Expedition, das eingezeichnet ist, trägt die Inschrift: Have ratia e quinque est totumque circuit orbem.

Das Blatt trägt das Wappen der Salviati; Kardinal Giovanni Salviati war Nuntius in Spanien von 1525—1530.

Die Darstellung steht zwischen der Turiner Karte und der Weimaraner von 1527. Es sind wenig neue Namen vorhanden. Zu dem Namen La Garcia bemerkt Harrisse (Disc. of N. Am., p. 510), derselbe sei zuerst den Bermudas gegeben; allein dieser Name findet sich schon auf Martyrs Karte von 1511. Harrisse verlegt vorliegende Seekarte ins Jahr 1525.

1527. Vesconte di Maggiolo.

„Vesconte de Maiollo composuy hanc cartam in Janua anno dny. 15,27. die XX decembris". Pergamentkarte in der Ambrosiana zu Mailand auf 2 Blättern 170:60 cm, enthält Angaben aus der Entdeckungsfahrt Giov. Verrazzanos.

Kopien: Getreue Nachbildung nur bei Harrisse, Disc. of N. Am., pl. X. — Winsor, Hist. of Am. II, 219, gibt eine Skizze von ganz Amerika. IV, 39 die Küste von Labrador bis Florida. — Desimoni, Giov. Verrazzano (atti della soc. ligure di storia patria XV, 355) gibt eine Zeichnung der nordamerikanischen Küste. Ebenso K Kretschmer, Taf. XIV, 7 u. 8, 311. -- Harrisse, Disc. of N. Am. 553, 217. — Stndi II, 113 no. 153.

Die Beziehungen zur Entdeckungsfahrt Verrazzanos finden sich in manchen italienischen und französischen Benennungen: Valle unbrosa (Vallombrosa bei Florenz, dem Geburtsorte des Entdeckers), Anguileme, Longavilla, Normanvilla, Diepa, San Germano, Insel Luisa. Statt Nova Gallia heißt das Land Francesca. Auch der von Verrazzano vermeintlich entdeckte Isthmus an der Ostküste Nordamerikas ist eingetragen. Yukatan ist noch als Insel dargestellt und hat daneben die Inschrift: streto dubitoso. Harrisse (Cabot p. 177) bemerkt zu dieser Karte: „Les contours, particulièrement aux abords du ‚C. de bertoni' et du ‚rio de S. Paulo' (aestuaire méridional du golfe St. Laurent?) montrent ce que les cartographes italiens (et les plus habiles connaissaient de ces parages en 1527, même après les découvertes présumées de Verrazzano pour le compte de la France".

In seinem neuesten Werke, Disc. of N. Am., p. 554, äußert sich Harrisse dahin: „Our theory is that the present map of Maggiolo represents closely a prototype, still unknown, on which were inscribed Verrazanian data, shortly after the return of the Florentine navigator".

Daß die Reise Verrazzanos stattgefunden hat, wird jetzt allgemein zugestanden.

Die Ostküste Amerikas läuft von Lavoratore (Grönland) bis zur „Streito donde passo Magaianes". Die Zeichnung der atlantischen Seite und die Breiten weichen von den gleichzeitigen Arbeiten der Kartographen in Sevilla ab.

Besonders merkwürdig ist die Westküste (hypothetisch), die von der zweifelhaften Straße in Mittelamerika fast parallel dem Bogen des Mexikanischen Golfs um Mexiko wieder nach Nordosten läuft und sich in der Gegen von C. Hatteras oder südlicher mit der atlantischen Seite fast vereinigt, so daß hier nahezu eine zweite Durchfahrt geboten ist. Hier bleibt nur eine Landenge bestehen. In dem gegen Norden wieder breiter werdenden Lande, das Francesca heißt, haben wir auf der Ostküste eine reiche neue Nomenklatur, die offenbar, wenn auch italianisiert, französisch ist; z. B.: Diepa, Amallor (Honfleur), S. Ludovico

(St. Louis), Anguileme (Angoulème), Luisa (Louise), Le figolo do nava 'n (Les fils do la Navarre) u. a. Am Lande das Lilienbanner Frankreichs. Diese Namen erscheinen auch auf G. Verrazzanos Karte von 1529 wieder.

Maggiolos Darstellung der Entdeckungen Vorrazzanos ist auf der Sloane-Karte, der ersten Karte Seb. Münsters und der ovalen Weltkarte von Hapt. Agneso wiederzufinden. (Harrisse, Disc. of N. Am., p. 543.)

1527. Robert Thorne aus Bristol

war 'p Sevilla als Kaufmann ansässig. Die Karte wurde in Sevilla entworfen und nach England geschickt, wo sie von Hakluyt in den „Divers Voyages" 1582 veröffentlicht wurde.

Kopieen: 1. Ausgabe der Divers Voyages durch die Hakluyt Soc. London 1852. Vol. VII. — 2. Nordenskiöld, Atlas, Taf. XLI². — 3. Winsor, Hist. of Amer. III, 17. — 4. Brown, C's Breton. p. 22. — K. Kretschmer, Taf. XIV, 2.

Südamerika nähert sich durch vollere Form seiner wahren Gestalt; die mittelamerikanische I- 'engo ist recht wohl orkennbar, Yukatan eine Halbinsel. Von Nordamerika sind nur · ·· ·tlichen Küsten vorhanden und nicht erkennbar, die Küste Ostasiens nach Toscanelli, ·r Zipangu fehlt. Die wenigen Inschriften sind lateinisch; zwischen 40° und 60° N. Br. steht: Terra hec ab Anglis primum inventa. Thorne verlegt Cabots Entdeckung nicht nach C. Breton, sondern nach Labrador. Florida wird hier zuerst Terra Florida genannt.

Vgl. Harrisse, Cabot, p. 516. — Kohl, Hist. of Disc. of Maine, p. 299. — Harrisse, Disc. of N. Am., p. 555.

1527. Ferd. Colon oder Nuño Garcia de Toreno.

Weltkarte auf Pergament. 216 : 86 cm, in der Großherzogl. Bibliothek zu Weimar.

Da diese Karte den Namen des Verfassers nicht nennt, so herrscht über denselben noch Meinungsverschiedenheit. J. G. Kohl, der sie nach dem Original in Weimar in seinen „Generalkarten" in getreuer Nachbildung herausgab, erklärte sich für Ferd. Columbus, den Sohn des Admirals. Nachdem diese Ansicht lange gegolten, ist neuerdings Harrisse für Nuño Garcia eingetreten; allein für erwiesen kann diese Annahme noch nicht gelten. Der Titel lautet: Carta universal, en que se contiene todo que del mundo se a descubierto fasta aora, hizola un cosmographo de Su Magestad. Anno MDXXVII en Sevilla.

Nach Kohl (S. 20) bekam Ferd. Colon 1526 vom Kaiser Karl den Auftrag, eine Weltkarte zu entwerfen, auf der die Inseln und Kontinente, die bis dahin entdeckt waren (que asta entonces estaban descubiertas, Herrera III, X, XI), in ihrer richtigen Lage eingetragen wären. Dieser Auftrag klingt in dem Titel der vorliegenden Karte wieder. (Aber auch Riberos Karte hat fast denselben Titel.) Die Italianismen der Karte weisen auch darauf hin, daß ein Italiener dabei thätig gewesen ist. Ferd. Colon sah sich stets als Italiener an, sprach auf Reisen nur italienisch, verkehrte mit Italienern und lebte meist in Sevilla.

Harrisse (Cabot, p. 172) bemerkt dagegen, daß nach dem Titel ein Kosmograph des Königs die Karte entworfen habe, daß aber Ferd. Colon diesen Titel nicht führte.

Im Jahre 1527 gab es in Spanien folgende Kosmographen Sr. Maj.: 1. Diogo Ribeiro, Verf. der Generalkarte von 1529 (s. d.); 2. Simon de Alcazaba de Sotomayor, ein Portugiese; 3. Giov. Vespucci; 4. Miguel Garcia; 5. Sancho de Salaya (Celaya); 6. Pedro Ruiz de Villegas; 7. Juan Rodriguez de Mafra; 8. Vasco Gallego; 9. u. 10. Jorge e Pedro Reinel; 11. Nuño Garcia. Nur von den zuletzt genannten Kosmographen sind Karten erhalten, von den andern nicht. Der Typus der spanischen Karten befestigte sich um 1522 und blieb sich von da ziemlich gleich. Die Karte Garcias, in Martyr 1534, ist der anonymen Karte von 1527 außerordentlich ähnlich. Nun werden aber die von Kohl erwähnten Italianismen von Harrisse nicht berührt; auch bleibt die ganz auffällige Behandlung des Guanaxo-Archipels bei Honduras in bezug auf einen Ausspruch in den „Historie" (vgl. Kohl 21) unerklärt.

Es ist die erste erhaltene, offizielle spanische Seekarte.

Litt. v. Lindenau in Zachs monatl. Korrespondenz 1810, S. 342.   Kohl, Die beiden ältesten Generalkarten von Amerika (Weimar 1860). — Harrisse, Cabot, p. 172.   Derselbe, Disc. of N. Am., p. 557. — At i Soc. Lig. rendic. 1867, p. 176. — Desimoni, Giorn. Lig. II, 55.

Die zusammenhängende Küstenlinie läuft von Neufundland bis zum Feuerlande. Zum erstenmal erscheint die ganze Neue Welt als eine Landmasse, die im Norden Mundus novus, im Süden Brasil genannt wird (vgl. die Karte von Thorne).

Auch ist die Demarkationslinie eingetragen und zum erstenmal die Magalhäesstrafse richtig eingezeichnet.   Überall sind die Hauptpunkte nach der Polhöhe gut festgelegt; auch der nördliche Wendekreis verläuft hier richtig zwischen Cuba und Florida, aber Yukatan ist noch als Insel behandelt.

Die Südküste von Neufundland, vielleicht nach Gomez (?), ist recht gut, doch fehlen weiterhin die Entdeckungen Verrazzanos. An der Küste Mexikos sind die Namen unrichtig gestellt.

An der Westküste Mittelamerikas gibt diese Karte zuerst die Benennungen vom Golf von S. Miguel bis zu den Sierras de Gil Gonzales d'Avila.

1528. Bonedetto Bordone, Isolario (Venedig).

Weltkarte, Karte der Antillen, Amerika mit phantastischen Umrissen. Ostasien, zum Teil nach Toscanelli.

Kopien: Lelewel. pl. 46, u. II, p. 114. — Nordenskiöld. Taf. XXXIXb (Weltkarte); vgl. Harrisse, Disc. of N. Am. p. 559. - K. Kretschmer. Taf. XIV, 4 Umrisse Amerikas.

1528. Pietro Coppo.

Weltkarte 13 : 7 cm, in dem seltenen Werke: Portolano delli lochi maritimi ed isole de mar (Venedig 1528). Ein Exemplar im Brit. Museum, Greenville Collect. no. 7292.

Amerika ist in eine Reihe wunderlicher Inseln aufgelöst: Isola verde, Cuba, Jamaiqua, Spaguola, mondo nuovo; robe Zeichnung.

Kopien: Nordenskiöld, Atlas, No. 65, p. 103. - Winsor, Hist. of Am. II, 127. — K. Kretschmer. Taf. XIV, 5. — Vgl. Harrisse, Disc. of N. Am., p. 561.

1528. Der vergoldete Globus.

Nationalbibl. zu Paris.

Nova et integra universi orbis descriptio. Inschriften lateinisch.

Kopie der westlichen Hemisphäre bei Harrisse, Disc. of N. Am. pl. XXI u. p. 562.

Das jüngste Datum liegt in der Inschrift „Terra francesca, nuper lustrata", wonach der Globus um 1528 von Harrisse angesetzt ist.

Die Entdeckungen Pizarros sind noch nicht eingetragen, daher mufs die Abfassung vor 1530 liegen. Der durch die Canarischen Inseln gelegte Nullmeridian weist auf Ptolemäuskarten hin, wie auch die durchweg lateinischen Inschriften, Citate aus den Dekaden Martyrs und aus Cortes' Briefen auf Deutschland als Ursprungsland zu weisen scheinen. Auch die Beziehungen zu den Karten Waldseemüllers und Schöners führen darauf hin, ferner die drei deutschen Namen: Baden, Braunschweig und Wien. Wenn Schöner, wie es wahrscheinlich ist, um diese Zeit schon der Ansicht beigetreten war, dafs Amerika mit Asien zusammenhänge, so könnte der Globus von oder nach ihm gemacht sein, denn auch hier erscheint Amerika als der östlichste Teil von Asien.

Harrisse spricht es geradezu aus, der verlorengegangene Globus Schöners von 1523 müsse als das Vorbild für den vergoldeten Globus angesehen werden (p. 565). Die Nomenklatur ist hier und bei Schöner 1533 identisch.

Der Globus von Nancy, der Holzglobus von Paris, die einfachherzförmige Karte O. Finés und der Globus Schöners von 1533 gehören mit dem vergoldeten Globus zu einer Familie, wie die zahlreichen gleichen Namen (Harrisse 566 u. 567) beweisen.

1529. Diego Ribero, Portugiese, seit 1519 in span. Diensten († 16. Aug. 1533).

Weltkarte in Weimar, 6' 9" rhein. breit, 2' 9" hoch. „Carta universal en que se contiene todo lo que del mundo se ha descubierto fasta agora: Hizola Diego Ribero Cosmographo de Su Majestad Año de 1529. La qual se devide en dos partes conforme a la capitulaçio que hizieron los catholicos Reyes de españa y el Rey don Juan de Portogal en la villa de Tordesillas: Año de 1494.

Über sein Leben vgl. Kunstmann, S. 144.

Litt. und Kopien: Sprengel, Über Ribero's älteste Weltkarte, gez. v. Gussefeld, Weimar 1795, im Anhange zu Muñoz, Geschichte der Neuen Welt. Teil I. — Bull. soc. géogr. Paris 1847, p. 309. — Santarem, Atlas. — Ruge, Geschichte des Zeitalters der Entdeckungen, S. 438. — Kohl, Die beiden ältesten Generalkarten, mit getreuer Nachbildung Amerikas. — Derselbe, Hist. of Disc. of Maine. Karte XVI (Nordamerika), vgl. p. 299—307. — Harrisse, Cabot, p. 178. — K Kretschmer, Taf. XV.

Ribero gilt als einer der ausgezeichnetsten Kosmographen seiner Zeit. Loaysa hatte Riberos Karten an Bord. Seine Darstellung stimmt meist mit der Weltkarte von 1527 überein. Er nennt zuerst die Flüsse Parana, Paraguay und Uruguay. In Westamerika sind die Namen von Panama bis zu den Sierras de Gil Gonzales d'Avila mit der Generalkarte von 1527 gleichlautend. Nach Süden erstreckt sich die Kenntnis bis Peru; auch dieser Name ist eingetragen.

Die eingehendste Erklärung hat die Karte durch Kohl erfahren.

Vgl. auch Harrisse, Disc. of N. Am., p. 569—573.

1529. Diego Ribero.

Weltkarte im Museum der Propaganda in Rom, ähnlich der Weimarischen Weltkarte, aber in größerem Maßstabe.

Vgl. Hamys Memoir über diese Karte im Bull. géogr. hist. et descript. 1887, p. 57.

Oviedo II, 149 (ed. Madrid 1852) erwähnt la carta del cosmographo Diego Rivero und sagt: „Este en sus putrones é cartas pone desde el rio de los Bacallaos al Norueste quarenta leguas hasta un ancon, desde el qual torna la costa veynte é cinco leguas al Oriente hasta un cabo de la Tierra firme, que se llama Cabo de Março". Weiterhin wird die Küste bis Labrador geschildert; dann heißt es: „E lo postrero desso pintura de la carta de Diego Rivero está en sessenta grados desde parte de la linia equinoçial".

Auf der Karte selbst lautet die Inschrift in Labrador: Tierra del Labrador la qual descubrieron los Ingleses de la villa de Bristol, mit Beziehung auf Cabots Reise 1497.

Die auf Ayllon bezügliche Legende ist ausführlicher und giebt zuerst Nachricht von dem unglücklichen Ausgange seiner letzten Unternehmung.

Vgl. Harrisse, Disc. of N. Am., p. 573.

1529. Girolamo Verrazzano aus Florenz, Bruder des Entdeckers.

Planisphäre in der Bibliothek der Propaganda in Rom. 260 cm lang, 130 cm breit. „Hieronemus Deverrazano faciebat". Photographie von Alessandri in Rom.

Litt.: Thomassy, Les papes géographes, p. 112. — Derselbe, Nouv. Annales 1852, geb die erste Beschreibung. — Brevoort, Verrazzano the navigator. New York 1874, m. verkleinerter Photolithographie — J. Carson Brevoort im Journal of the Amer. geogr. Soc. of New York 1873, IV. — H. C. Murphy, The voyage of Verrazano, New York 1875, p. 91, mit Kopie der Karte. — de Costa, Verrazano the navigator, N. Y. 1881. — Desimoni im Arch. storico XXVI (1877). — Ders., Intorno al Verrazano (Genua 1881) et appendice terza. — Harrisse, Disc. of N. Am., p. 575—577, n. 219—221; die Litteratur bei Harrisse, Cabot 279—281, und 1524 Verrazzano in der Übersicht der Entdeckungsfahrten.

Nach Harrisse (p. 180) gehört die Karte ins Jahr 1529 und bringt die Entdeckungen des Bruders Giov. Verrazzano zur Darstellung. Darauf weist die Inschrift in Norda. erika:

„Verrazana sive nova Gallia quale discopri 5 anni fa Giovanni da Verrazano fiorentino per ordine et comandamente del crystianissimo Re di Francia."

7*

Die Umrisse von Amerika, aber ohne Inschriften, gibt Winsor, Hist. of Am. IV, 26.
Der Globus Ulpius', 1542, zeigt Abhängigkeit von der Darstellung Verrazzanos.
Unter 40—41° N. Br. ist an der Küste ein Isthmus (vgl. Maggiolo 1527) dargestellt,
hinter dem ein Mare occidentale liegt, mit der Bemerkung, man könne dieses Meer jenseit
der 6 Millien breiten Landenge sehen. Auch hier spukt die postulierte Meerenge, die
Columbus auf seiner vierten Reise in Mittelamerika zuerst suchte. Der Isthmus, wie bei
Verrazzano, findet sich noch bei Agnese, 1536, und Seb. Münster, 1540, wieder. Eine
genaue Untersuchung der Karte bei Desimoni l. c., p. 163. Die Namen sind konfus und
wiederholen sich sogar reihenweise.

Für Nordamerika ist die Karte ähnlich der Darstellung Maggiolos von 1527. Auf
beiden finden sich zahlreiche italianisierte französische Namen.

Verrazzanos Karte ist die erste italienische Karte, die den Namen „Tierra America"
führt.

1529. Baptista Agnese.

Porgament-Atlas im Brit. Museum.
Vgl. Studi II, 116, Nr. 150.
Weitere Mitteilungen sind nicht gegeben.

1530. Peter Apianus.

Universalior cogniti orbis tabula (Ingolstadt) 1530. 55 : 30 cm.
Nordenskiöld, Atlas, p. 104^b gibt von dem einzigen bekannten Exemplar eine kurze Mitteilung.

1530. Sloane-Karte.

In einem Manuskript des Brit. Mus. (Sloane-Manuskr. 117) de principiis astronomicae,
2 Bl. je 21 : 29 cm. Die Darstellung ist nach Harrisse (Disc. of N. Am., p. 579) der
Schönerschen von 1523 verwandt. Die Inschrift „terra franciscana nuper lustrata" weist
auf die Zeit der Entstehung hin. Die Karte hat nur wenig Inschriften.
J. Winsor, Kohl Collection no. 43, 44.

1530. Karte von Nordamerika.

in Riberas Art, Teil einer Planisphäre, 221 : 75 cm, i. d. Bibliothek zu Wolfenbüttel.
Die Nomenklatur ist portugiesisch, aber spanisch beeinflußt.
Inschriften: „Tierra de Estevan Gomez. Lo que descubrio el anno de 1525 por
mandado de su magestad dar på (sic) y buone (sic) muches (sic) abundancia."

„Tierra nueva de los bacallaos: Esta tiera fue scubierta (sic) por los portogeses
no ay en ella cosa de provecho mas q̃ los bacallaos q̃ es pescado y muy buono. Aqui
se perdierō los corto Reales".

„Tiera del Labrador. La qual fue descubierta por los Yngleses de la uila de
Bristol e por q̃ el q̃ dio luiso della era labrador de las illas de los acores (Azoren) le
quido este nombre" (sc. Labrador).

Das Land wurde durch Engländer aus Bristol entdeckt, und weil derjenige, welcher
es zuerst meldete, ein Arbeiter von den Azoren war, nannte man es Arbeitorland. Das
ist die erste Deutung des Namens Labrador; gewöhnlich schreibt man den Namen dem
Gaspar Cortereal, 1501, zu, weil Pasqualigo schrieb, in jenem Lande seien die Eingebornen
vorzüglich zu Sklavenarbeit zu verwenden.

Merkwürdig ist noch die Zeichnung des Lorenzgolfs, der bis dahin auf keiner spanischen
Karte vorkommt.

Harrisse (Cabot, p. 185) verlegte sie ins Jahr 1534, neuerdings dagegen in seiner
Disc. of N. Am., p. 581, ins Jahr 1530.

1530. Diego Homem.

Im **Brit. Museum** unter Lord Lumbeys († 1609) Karten.

Die Westküste Amerikas ist **nicht** angedeutet, die Ostküste wie bei Ribero. Die einzigen Namen sind: „Timistitan" und „Mundus novus" in Südamerika.

J. Winsor, Kohl Collection no. 45.

1531. Oronce Finé.

Doppeltherzförmige Weltkarte, siehe 1536. Nova et integra universi orbis descriptio. Die Karte ist in der Bemerkung „ad lectorem" vom Juli 1531 datiert. Der Inhalt der Karte ist von Schöner (?) (1523) und Franciscus Monachus entlehnt, das Verdienst Finés liegt nur in der Projektion. Das Hauptmerkmal ist die enge Verbindung Amerikas mit Asien.

Harrisse, Disc. of N. Am., p. 582—585. Faksimile in Nordenskiölds Atlas, Taf. XLI. Dieselbe Kar⸗ erschien in Nov. Orbis v. Grynäus (Paris 1536) und in Pomponius Mela 1540.

1532. Bartolomeo Olives.

Karten von Mittel- und Südamerika in einem Atlas auf der Universitäts-Bibliothek zu Pisa, Bl. 7, 8, 9 und 10. Jedes Bl. 29:37 cm. Auf dem einen die Inschrift: 1532 in Messina nel Castello del Salvador, Bartolomeo Olives, Maiorchino.

Auf den Karten sind spätere Notizen eingetragen, vermutlich von dem Kartographen selbst, wodurch das Alter der Darstellung alteriert wird.

Vgl. Harrisse, Disc. of N. Am., p. 585. — Studi II, no. 414.

1532. Sebastian Münster.

(Typus) cosmographiae universalis in Grynaeus, Novus Orbis (Basel 1532) wieder abgedruckt in den Ausgaben 1537 und 1555.

Kopien: Nordenskiölds Atlas, Taf. XLII. — Winsor, Hist. of Am. II, 121. — Stevens, Notes, pl. IV, no. 4. — K. Kretschmer, Taf. XIV, 3.

Ostasien nach Toscanelli; hinter der schmalen, von Nord nach Süd gestreckten Insel von Nordamerika, Terra de Cuba genannt, liegt in alter Weise Zipangri. Südamerika trägt die Namen Asia und America terra nova, seine Gestalt ist phantastisch. Zwischen beiden Erdteilen die mittelamerikanische Enge. Magalhães' Entdeckungen fehlen noch. Münster arbeitete nach veralteten Vorlagen.

Dasselbe Blatt wurde mit wenig Änderungen in den Ausgaben von 1537 und 1555 wiederholt, doch ist in der letzten Ausgabe der Name Asia in Südamerika weggelassen.

Harrisse, Disc. of N. Am., p. 587.

1532. Oviedo.

Die Mündungen des Orinoco (Huyapari) nach der Erforschung von Diego de Ordaz, Alonso de Herrera und Geronimo Dortal (d'Ortal) im Jahre 1532.

In der Madrider Ausgabe von Oviedos Hist. general, vol. II, p. 216—223. — Harrisse, Disc. of N. Am., p. 588.

1532. Jacob Ziegler.

Eine Karte vom Norden Europas enthält aufser Skandinavien Grönland und Terra Bacallaos, mit glatt verlaufender Küste, im Norden mit Skandinavien zusammenhängend.

Nordenskiölds Atlas, no. 31, p. 57.

1532. Die Laguna de Maracaybo.

Eine Spezialkarte aus der Zeit des Ambrosius Alfinger, die von der Darstellung Alonso de Chaves' abweicht.

Kopie in der Madrider Ausgabe von Oviedos Hist. general. vol. II, p. 270—284. — Harrisse, Disc. of N. Am., p. 592.

1533 (?). Jacques de Vaulx, pilote pour le roi.

Nach Santarem (Atlas IV, pl. 4) soll die Karte aus dem Jahre 1533 sein; allein die Karte muſs um etwa 50 Jahre später angesetzt werden, wie daraus hervorgeht, daſs die Nationalbibliothek zu Paris zwei autographische Blätter von Vaulx (Fonds français, 150 und 9175) besitzt, mit den Inschriften: „on la ville françoise de Grace (Le Hâvre) l'an MDLXXXIII und MDLXXXIV".

Harrisse, Cabot, p. 205.

1533. Joh. Schöner.

Globus in der Militärbibliothek zu Weimar. 26 cm Durchmesser. Dazu gehört der Kommentar: Joannis Schoneri Carolostadii Opusculum geographicum, datiert ex urbe Norica Id. Novembris Anno XXXIII.

Eine Kopie der südlichen Hemisphäre gibt Wieser, Magalhâesstraſse Taf. V. Vgl. dazu im Text S. 76.

Kopie der westlichen Hemisphäre in Harrisse, Disc. of N. Am., pl. XVII. Dazu p. 592—594.

Die Darstellung ist ähnlich wie bei Oronce Finés Herzkarte von 1531; aber Finé hat wohl nach Schöners Karte von 1523 gearbeitet, wie er sich auch sonst auf den Nürnberger Gelehrten stützt.

Auf dem Globus von 1533 bildet Mexiko einen Teil Chinas und Kattigara liegt an der Westküste Südamerikas.

1534. Globus in Weimar

(vgl. Santarem im Bulletin soc. géogr. Paris, VII, 322) ist Schöners Globus von 1533. Am Gestell die Jahreszahl 1534.

Nach dem Faksimile von J. Harris befindet sich ein Exemplar im Brit. Museum (Katalog 1, 79. Nr. 68810 (17)).

Andres Faksimile bei Nordenskiöld, Nr. 67. p. 107. und in Stevens. Notes; Winsor, Hist. of Am. II. 223 (verkleinert).

1534. Karte der Neuen Welt.

Ein Exemplar in der Bibliothek Lenox in New York. Links oben die Legende: MDXXXIIII. Del mese di Dicembre. La carta universale della term ferma et Isole delle Indie occidetali, cio è del mondo nuouo fatta per dichiaratione delli libri delle Indie, cauata da due carte da' nouicare fatte in Sibilia da li piloti della Maiesta Cesarea. Con gratia et privilegio della illustrissima Signoria di Vonetia per anni XX.

Danach gehört die Karte zu Ramusios Libri delle Indie und ist nach spanischen Seekarten gestochen, von denen die eine, wie Ramusio angibt, von Nuño Garcia de Toreno gezeichnet, im Besitze Peter Martyrs gewesen war. Da Martyr aber schon am 23. oder 24. September 1526 starb, muſs die Karte noch älter sein. Da nun die Küste von Peru bis Tumbez reicht, muſs für diesen Teil der Karte die andre Zeichnung von einem unbekannten Piloten gedient haben.

Es ist eine der ersten spanischen Karten mit Längen- und Breitenkreisen.

Nach Kohl (Generalkarten, S. 14) liegt ihr hauptsächlich die Weltkarte von 1527 zu Grunde, von der Harrisse vermutet hat, sie sei auch von Nuño Garcia gezeichnet.

Yukatan ist noch Insel, Südamerika heiſst mondo nuovo, Mittel- und Nordamerika Indie occidentali.

Vgl. Harrisse, Cabot. p. 168, id. Disc. of N. Am., p 586.

1534. Benedetto Bordone.

Isolario (Venedig 1534). Weltkarte mit den Inschriften: Terra de lavoratore und Mondo Novo.

Kohl, Collection. No. 48.

1534. Gaspar Viegas.

Kopie in Kohls Hist. of disc. of Maine. pl. XVIII a, p. 348.

Über die Person des Verfassers ist nichts bekannt.

Bruchstück eines Portulans in der Nationalbibliothek zu Paris (Nr. 18772) mit der Inschrift: Gaspar Viegas, dato 1534. Die Karte enthält nur noch den Lorenzgolf und Neufundland. Alle Namen sind portugiesisch, aber vielfach entstellt, z. B.:

R. das poblas entspricht den malvas andrer Karten, bei Cabot g° de maluasi, rollas (tourterele),
dos polvos (poulpes),
R. de J° Vaas (bei Desliens: terre de Johan Vaz),
Rio pria (?) vielleicht frio oder praia,
C. do Mazcato (Mascoto = maillet, pilon),
C. do Batal (Batel, canot).

VgL Harrisse, Cabot, p. 77, 183.
Die zahlreichen neuen Namen gibt Harrisse, Disc. of N. Am., p. 600.

Nach Kohls Darstellung beginnen die Namen in Neufundland im Norden mit „S. fco", dann C. de Boavista, C. Frey Luis, Ceiria. Neu sind die Namen: Baia das Rojas, Rio Roal etc. Am Südostende C. Rasso.

Die Südküste läuft richtig nach WNW, und die grofse Bucht in der Mitte, die jetzt Fortunebay heifst, ist richtig gezeichnet, ebenso Placentia- und St. Marysbay östlich von Fortune, aber nicht in ihrer richtigen Lage. Westlich von Fortunebay sind keine grofsen Buchten wie sie wirklich sind gezeichnet. Die dort angegebenen Namen S. Maria, S. Andre, C. da tormenta, C. de piloto, XI virges sind fast alle neu.

Die Südküste endet mit C. Volta (vielleicht = C. Ray), auf der Westseite des Cansosundes kommen die Namen C. do Bretan, S. P°. (d. h. Petro), S. Paulo, R. da gente vor. Sie gehören aber östlich von Canso. S. Paulo kommt auf alten Karten oft an der Ostküste von C. Breton vor.

Für die Namen am Lorenzgolf: Rio fremoso, Rio da travoça, Rio pria, Costacha etc. weifs Kohl keine Erklärung.

1534. Weltkarte von Joachim Vadianus.

Typus cosmographicus universalis, gedruckt in Zürich (Tiguri) 1534 zum „Epitome". Elliptische Projektion, ähnlich der Karte Münsters in Novus Orbis, Basel 1532.

Kopie: Nordenskiöld, Atlas. Nr. 66, p. 105. Amerika und Ostasien genau wie bei Münster. — Harrisse, Disc. of N. Am., p. 598.

1534. Hispaniola.

Karte der Insel in der Ausgabe von Martyr und Oviedo von 1534.

Vgl. Stevens. Amer. Bibliographer. — Harrisse, Disc. of N. Am., p. 598.

Nach 1534. Der Katalanische Atlas von Havre.

Stadtbibl. Havre, 13 Karten, 40:23 cm. Sprache vorwiegend katalanisch. Fünf Karten beziehen sich auf Amerika. Zeichnung und Schrift sind roh. Die Region von Neufundland ist nach einer in Spanien kopierten portugiesischen Karte entworfen. Yukatan erscheint als Insel.

Während die Portugiesen anfänglich Yukatan als Halbinsel behandelten, fafsten die Spanier das Land als Insel auf. Bernal Diaz beruft sich schon 1517 auf die Ansicht ihres Piloten Anton de Alaminos, dafs Yukatan eine Insel sei. Eine Änderung trat erst nach 1529 ein. Im Havre-Atlas ist Yukatan aber noch eine landferne Insel.

Am La Plata die Inschrift Rios de Plata; bei Mercator 1541 „os rius da plata".
Harrisse, Disc. of N. Am., p. 601.

Zwischen 1534 u. 1540. Seb. Münster.

Karte von Amerika.

Holzschnitt, erschien unter verschiedenen Titeln als Beigabe zum Novus Orbis, zum Baseler Ptolemäus (1540, 1545, 1551) und zur Kosmographie (1544), als:

1. Tabula novarum insularum, quas diversis respectibus Occidentales et Indianas vocant. In der ältesten Ausgabe steht in Südame..ka Nou(us) orbis, in den spätern Nouus orbis, in allen deutschen Ausgaben „Die Nüw Welt" mit deutschen Lettern.

2. Novae insulae. XVII, nova tabula (1540).

3. Novae insulae. XXVI, nova tabula (1545).

4. Die newe Inseln so zu vnsern zeiten durch die Künig von Hispania im grofsen Oceno gefunden sindt (Kosmographie 1544).

Für Nordamerika war, wie der Name Francisca und die Zeichnung des Isthmus nördlich von Florida zeigt, die Darstellung Maggiolos und Verrazzanos mafsgebend. Nordamerika ist von Asien durch ein schmales Meer vollständig getrennt. Harrisse (Disc. of N. Am., p. 609) verlegt die Entstehungszeit der Karte in die Zeit zwischen 1534 und 1540. Kopie in Kretschmer, Taf. XIX, 1.

Um 1534. Giacomo Gastaldi.

Nuova Francia, um 1534; in Ramusio 1556, III, 424.

Kopien: Winsor, Hist. of Amer. IV. 91. — Weise, Disc. of Amer., p. 356. — Kohl, Hist. of disc. of Maine, p. 227 u. Karte XI.

In der Vorrede (Discorso) zum 3. Bande (fol. 5 verso) sagt Ramusio, dafs die Karten aus Paris gekommen sind und die Aufnahmen von Nova Francia bringen. Diese Vorrede ist 1553 datiert, aber dem Inhalte nach schon 1539 geschrieben.

Die Karte hat darum ebensowenig wie der Discorso eine Andeutung von den Entdeckungen Cartiers, sie gibt uns also den Zustand der Kenntnis jener amerikanischen Küsten etwa um 1534. Kohl vermutet, dafs die Karte zum grofsen Teil auf Aufnahmen des französischen Cpt. Jean Denys (1506) beruhen (p. 229).

Der Name Nurumbega, von den Eingebornen gegeben, erstreckte sich ursprünglich auf die ganze Ostküste Nordamerikas bis nach Florida, zog sich dann auf Neu-England zurück und beschränkte sich weiter auf Maine und endlich auf das Land am Penobscot. Die Illustrationen im Binnenlande entsprechen den Mitteilungen, die Jean Parmentier, „der grofse französische Seekapitän", an Fracastoro, den Verfasser des Discorso, machen liefs.

Die Isola della rena soll richtiger della arena, also Sandinsel bedeuten und heifst gegenwärtig „Sable-Island", schon früh von portugiesischen und französischen Fischern besucht (Kohl, 232).

Die Karte gleicht keiner andern; zwar fehlt der Lorenzgolf, aber die Belle-Isle-Strafse und der Cansosund sind angegeben.

Etwa wo Angoulême steht, befindet sich der Eingang der Passamaquoddybai.

Nach Harrisse, p. 238, ist diese Karte nur eine schlechte Nachbildung von dem Prototyp Harley. Vgl. Kohl, Hist. of disov. of Maine, p. 226.

1535. Ptolemäus. (Lyon 1535.)

Drei Karten, neu abgedruckt aus dem Strafsburger Globus von 1522.

1. Orbis Typus universalis juxta Hydrographorum traditionem exactissime depicta 1522. L. F.

2. Oceani occidentalis seu Terre nove tabula.

3. Tabula moderna Groenlandiae et Russiae.

1535. Ferd. Cortes.

Karte des Golfes von Kalifornien, Original in dem Indischen Archiv zu Sevilla, enthält die Westküste von Mexiko vom 20. bis 26.° N. Br. und die Südspitze der Halbinsel Kalifornien. Die Karte bildete die offizielle Beigabe zu dem notariellen Akte der Besitzergreifung am 3. Mai 1535 (nicht 1536). Über die Namen vgl. die chronologische Übersicht der Entdeckungen.

Ein Faksimile erschien in Madrid, davon eine Kopie: in Winsor, Hist. of Amer. II, 442. — Harrisse, Disc. of N. Am., p. 611.

1535. Weltkarte in Reisch, Margarita (Basel).

Typus universalis terrae iuxta modernorum distinctionem et extensionem per regna et provincia.

Kopie der Karte aus der Straßburger Ausgabe von 1515 mit Weglassung der meisten Legenden und Ausmerzung des „Zoana Mela".

1536. Oronce Finé.

Doppelherzförmige Weltkarte: Nova et integra universi orbis descriptio. O. F. Delph. 1531.

Diese Karte erschien wieder in Novus orbis des Gryuäus (Paris 1536).

1536. Oronoe Finé.

Einfachherzförmige Weltkarte: „Recens et integra orbis descriptio. Orontius F. Delph. regis mathematicus faciebat". 52 : 56 cm.

Ein Exemplar in dem Archiv des Auswärtigen Amtes in Paris.

Photolith. Faksimile in L. Gallois, De Orontio Finaeo, Paris 1890, pl. I.

Dafs die Karte aus 1536 stammt, darüber vgl. Gallois, l. c. p. 38 und Harrisse, Disc. of N. Am., p. 616.

Verquickung von Nordamerika mit Asien. Mexiko grenzt im Norden an Mangi, Catay und Tangut. Der Panuco, nördlicher Grenzflufs von Mexiko, kommt aus der Wüste Lop. Yukatan ist eine kleine Insel, östlich davon Zipanga sive Hispaniola. In Südamerika steht mit grofsen Buchstaben AMERICA. An der unbekannten Westküste nur Cattigora. Peru ist noch nicht erwähnt.

Im Südlande die Landschaften Regio patalis westlich von Südamerika und Brasilie regio östlich von Madagaskar. Im ganzen Gebiet die Inschrift Terra australis nuper inventa sed non plene examinata.

Die Karte wurde 1566 in Italien nachgestochen, s. d.

1535—1540. Turiner-Atlas.

Die Umrisse in Wuttkes Arbeit: Zur Geschichte der Erdkunde. Taf. VII. 1. im Jahresber. des Ver. f. Erdkunde zu Dresden 1870.
Vgl. Peschel. Jahresber. des Ver. v. Freunden der Erdkunde zu Leipzig 1871.

1536. Baptista Agnese.

Kgl. Bibl. zu Dresden. — Atlas von 11 Blättern, ohne Namen des Zeichners.

Auf dem ersten Blatte, den Tierkreis vorstellend, steht die Jahreszahl 1536.

Bl. 2. Der Grofse Ozean von den Molukken bis Amerika.

Bl. 3. Amerika und Afrika.

Den Schlufs bildet die Weltkarte, die sich für die Küsten des Mittelmeers und Südasiens ebenso wie für den östlichen Auswuchs von Schottland an die Ptolemäischen Formen hält, während die Spezialkarten nach modernen Vorbildern entworfen sind. Yukatan ist noch Insel. Die Namen an der Ostseite von Nord- und Mittelamerika stimmen mit denen der Weltkarte von 1527 überein, nur sind einige ausgelassen; dagegen sind die portugiesischen Entdeckungen in Brasilien abweichend dargestellt. Da findet sich ein rio de los colmos, rio de brazil, rio do las gostius (statt ostias). Dagegen stimmt die Darstellung vom La Plata südwärts wieder genau mit der Weltkarte von 1527.

Kohl (Hist. of disc. of Maine) hat in no. XIV des Atlas aus dem Dresdener Portulan Agneses Nordamerika kopiert; vgl. p. 293.

1536 (?). Baptista Agnese.

Atlas von 12 Bl. im Brit. Museum, Addit. mscc. no. 19927.

Baptista Agnesium iannensis fecit Venetijs 1536 dio 13 octobr.

Vgl. Winsor, Hist. of Amer. IV, p. 40. — Desimoni, Giorn. Lig. II, 56.

Die Zeitbestimmung der nicht datierten Karten ist annähernd aus der Darstellung der Westküste Mexikos und Kaliforniens zu gewinnen.

Harrisse (Cabot, p. 193) spricht sich über Agnese dahin aus, dafs die Umrisse Amerikas ebenso wie die ganze Nomenklatur spanischen Karten (aus Sevilla) entnommen sind, aber weder mit der Generalkarte von 1527, noch mit der von 1529 stimmen.

1536. Baptista Agnese.

Atlas in der Bodleian Bibl. zu Oxford, ohne Namen, 1536 dio martii.

Vgl. Kohl. Hist. of discovery of Maine, Taf. XVe u. p. 298. — Harrisse. Cabot. p. 189, note 1.

1536. Baptista Agnese.

Weltkarte im Brit. Museum, no. 5463 der Manuskr.-Sammlung.

„Baptista Agnese Venetiis.“

Amerika hat ganz die Konfiguration wie auf den Generalkarten von 1527 u. 1529.

Kohl, Generalkarten, S. 46.

1536. Baptista Agnese.

In der Bibl. Barberiniana zu Rom.

„1536, Principium Martii aequinoctialis.“   Drei Portulane.

Vgl. Harrisse, Disc. of N. Am., p. 625.

1536. Baptista Agnese.

Atlas in der Sammlung Sir Thomas Phillips zu Cheltenham.

Harrisse, Disc. of N. Am., p. 629.

1536. Baptista Agnese.

Atlas von 9 Karten, datiert „Aequinoctialis 1536“ in der Trivulziana zu Mailand. Cod. 2160.

Harrisse. Disc. of N. Am. p. 629.

1536. B. Agnese.

Atlas von 12 Karten, früher in Padua, jetzt in Venedig im Museo Corror, datiert vom 10. März 1536, aber ohne Namen.

Vgl. Studi II. p. 120 no. 167 und p. 119 no. 166; sind ein und derselbe Atlas.

Carta III. L'oceano pacifico e lo coste dell'America. PERV PROVTIA

Carta IV. Terra de Bacalaos, Scocia e Tartaria (Karte des Atlantischen Ozeans), terra che descobrio steven comes y de zuä steuos,. Lo iucatan ist noch Insel.

Carta XII. Die Weltkart mit der Legende: „viazo por andare a lo Moluche e al tornar da lo Moluche“. Eine Goldlinie bezeichnet el viazo de peru, eine schwarzpunktierte Linie el viazo de frausa (Canada).

Dieser hineingemalte Molukkenweg findet sich auf allen Weltkarten Agneses und verrät seine Arbeit, auch wenn er sich nicht nennt.

1536. Alonso de Chavos, von 1528 bis 1584 Kgl. Kosmograph in Spanien.

Weltkarte, verschollen.

Vgl. Harrisse, Cabots 70.

Oviedo beschreibt (Hist. gen., Madrid 1852, lib. XXI, cp. 9—11; tom if, p. 148) die Karte für die Küste von Nordamerika und macht auf die Abweichungen und Irrtümer der Karte aufmerksam.

Kohl (Hist. of disc. of Maine, p. 307) gibt dazu folgende Erläuterungen:

Im Jahre 1536 befahl Kaiser Karl, dafs die Seekarten von kundigen Männern geprüft und verbessert werd n sollten, und Alonso de Chaves bekam den Auftrag, eine Weltkarte nach den neuesten Entdeckungen zu entwerfen (Oviedo, tom. I, p. 150, Madrid 1852).

Oviedo beschrieb die Karte 1537, fast alle seine Entfernungsangaben sind zu grofs. Er beginnt an der

Punta de la Florida (Cap Florida), als in 25° 40′ N.

Cabo de Cañaveral = Pouces C. de Corrientes, ca 28° N.

Cabo de S. Cruz = etwas nördlich vom St. Johnsriver.

Mar baxa = Altamaha.

Rio seco = Savaunah (?).

C. Trafalgar = C. Hatteras.

Rio de St. Elena = St. Helena-Sund.

Rio Jordan = Port Royal.

C. St. Roman (32½° N.) = C. S. Romain.

Rio de las Canoas = Pedeo oder Sautee.

Rio del Principe,) wahrscheinl. Kanäle des
Rio de Trafalgar,) Pamlicosundes.

Bahia de Sn Maria (36° 40′ N.) = Cheanpeak-bai, entdeckt von Ayllon 1526 und zuerst auf der Karte eingetragen 1529 von Ribero.

Rio del espiritu Santo = James River.

Cabo de St. Johan = Insel oder Vorgebirgo auf der Halbinsel Delaware.

Cabo de las Arenas = C. Hinlopen.

Cabo de Santjago = ?

Bahia de San Cristobal = ?

Rio de San Antonio = Hudsonstrom, der Name wohl von Gomez gegeben.

Rio de buena madre = Eingang in den Longislandsund.

Bahia de St. Joh. Baptista = Narragansetbai.

Bahia de St. Johan = Montania.)

Cabo de Arecifes = C. Cod.

Cabo de Sn Maria = C. Ann.

Cabo de muchas islas = C. Elizabeth (?) 43° 33′ N.

Rio de las Gamas = Penobscot.

Yn de S. Johan = Cape Breton (der nörd-lichste Punkt auf Chaves' Karte).

1536. Alonso de Chaves.

Die Namen der Karte vom Golf von Mexiko an südwärts hat Harrisse (Disc. of N. Am., p. 633—635) zusammengestellt.

1536. Golf von Mexiko.

Mannskr.-Karte im Brit. Museum, teils spanisch, teils französisch; also wohl französische Kopie eines spanischen Originals.

Die Umrisse gibt Winsor, Hist. of Amer. II, 225.

Ist das dieselbe Karte, die von Harrisse (Cabots, p. 197) in 1546 verlegt wird, weil Spuren der Entdeckungen Cartiers von 1541 (Flufs Saguenay) darauf eingetragen sind? Brit. Mus. Msc. no. 5413.

1535. Der Pariser Holzglobus.

20 cm Durchmesser. (Nationalbibl.) Die Namen sind kursiv geschrieben, offenbar nicht von einem Kartographen von Fach.

Die Verbindung von Asien und Amerika im Sinne Schöners verlegt nicht blofs Chatai in den Norden Mexikos, sondern belegt auch den Golf von Mexiko mit dem Namen Mare Cathaium. Die Inschriften in Nordamerika greifen bis auf Canerio zurück. Jenseits des

fretum magellanicum steht im Südlande die Inschrift: Terra australis recouter inventa
anno 1499.

Eine Nachbildung der amerikanischen Hemisphäre gibt Harrisse, Disc. of N. Am., pl. XXII; vgl.
p. 613.

1535—1540. Globus von Nancy.

Deutsche Arbeit, im Lothringer Museum zu Nancy.

Kopie in Winsor, Hist. of Amer. II, 451. — Vgl. Compte rendu du congrès des Amerio. 1877, p. 359.
Mémoires de la Société Royale de Nancy 1836, p. LXI u 97.

Asien hängt mit Nordamerika auf breiter Fläche zusammen, wie auf dem Pariser
Holzglobus.

Harrisse, Disc. of N. Am., p. 614.

1538. Gerh. Mercator.

Herzförmige Weltkarte. Das einzige bekannte Exemplar im Besitz von J. Carson
Brevoort in Brooklyn.

Vgl. Bull. Amer. geogr. Soc. 1878, p. 196. — Nordenskiöld, Atlas, Taf. XLIII. — Derselbe,
Atlas no. 51, p. 91; das. findet sich eine Kopie nach dem römischen Druck der Karte von 1569.

In der Auffassung von Amerika sehr stark von O. Fine abweichend. Amerika ist ein
selbständiger Erdteil, der sowohl gegen Westen als gegen Norden durch Meere und
Meeresstraßen von Asien geschieden ist.

Die Westküste Südamerikas ist noch nicht jenseits des 10.° S. Br. bekannt. In beiden
Landmassen, in Nord- und Südamerika, steht Americae.

1540 (?). Weltkarte in Globus-Caletten.

Nürnberger Arbeit; Nürnberg ist als einzige Stadt in Europa angegeben; ferner
Mecha, Jerosolima, Alexandria, Mosalia (Mossul), Gea und Calcout.

Die Sundawelt ist bis Silolo bekannt. Die Fahrt Magalhães' und die Demarkationslinie sind eingetragen; aber die Molukken liegen auf spanischer Erdhälfte. Die Schreibweise
Antiglie insule weist vielleicht auf italienische Vorbilder hin.

Über Nordamerika hin führt eine Wasserstraße, die sich ebenso 1552 bei Domongenet
wiederholt. Dann folgen Bacalaos, la Florida, Senotormus (?) (Mexiko) und Darienus.
In Südamerika steht statt „America" terra firma non minus continens, Brisilii terra,
C. S. Crucis, C. S. Marie.

Diese Weltkarte ist eins der ersten Beispiele des fünften Typus (s. o. S. 12).

Wieser machte auf diesen Globus zuerst in den Sitz.-B. d. K. Ak. d. W. (phil.-hist. Kl.,
CXVII, Wien 1888) aufmerksam, irrte aber darin, daß er ihn für den verschollenen Globus
Schöners von 1523 erklärte. Die Ostküste Nordamerikas von Florida bis Neufundland
bildet eine zusammenhängende Küstenlinie, wie sie 1523 noch nicht bekannt war.

Nordenskiöld, Faksimile-Atlas, p 80 u. Taf. XL. — Harrisse, Disc. of N. Am., p. 520. —
H. Stevens of Vermont, Joh. Schöner, a reproduction of his globe of 1523, edited by C. H. Coote
London 1888. — K. Kretschmer, Taf. XIX, 4.

1540. Seb. Münster.

Typus universalis im Ptolemäus (Basel 1540).

Kopien: Nordenskiöld, Atlas, Taf. XLIV*; dazu vgl. die Darstellung Amerikas allein, no. 73,
p. 163 — Winsor, Hist. of Am IV, p 41.

Hier die erste Andeutung einer nordwestlichen Durchfahrt zwischen Bacalhos im Norden
und Francisca im Süden (Canada). „Per hoc fretum iter patet ad Molucas". Das Bacalhos-
land hängt mit Skandinavien zusammen. Nordamerika heißt Terra florida, der westliche
Teil gegen Ostasien: Temistitan, westlich davon in alter Lage „Zipangri", viel näher an
Amerika als an Ostasien. Sechster Typus. Das plumpe Festland von Südamerika ist als
America seu insula Brasily bezeichnet. Südlich davon Fretum Magaliani.

1510. Seb. Münster.

Nonus orbis in Ptolemäus (Basel 1510).

Kopien: Nordenskiöld, Atlas. Nr. 73, p. 113. — K. Kretschmer, Taf. XIX, 1.

Ähnliche, nur ausführlichere Darstellung des Typus universalis von 1540. In Südamerika die Inschrift: „Insula Atlantica quam vocant Brasilii et Americam".

1510. Peter Apianus.

Weltkarte in der Kosmographie (Antwerpen 1510), ferner in der französischen Ausgabe (1511), in der lateinischen (1515) und der spanischen (1548).

Kopie: Lelewel, pl. 46.

Süd- und Mittelamerika haben schon unnähernd richtige Gestalt; dagegen verläuft die Westküste von Nordamerika von Kalifornien an gegen Nordosten und endigt in Labrador bei Neufundland. Dadurch wird Nordamerika zu einer schmalen Halbinsel, hinter der der gleich schmale Große Ozean in derselben Richtung flutet. Jenseits desselben verläuft im Westen die Ostküste Asiens in ähnlicher Weise wie bei Toscanelli. Zwischen Grönland und Labrador zieht sich also die nordwestliche (richtiger südwestliche) Durchfahrt zum asiatischen Ozean. Fünfter Typus.

1540. Diego Homem: Nordamerika.

Brit. Museum.

Kopie: Kohl, Hist. of discov. of Maine, pl. XV d; vgl. p. 298.

1541. Domingo del Castillo, Pilot auf der Flotte Alarcons, 1540.

„Domingo del Castillo, piloto me fecit en Mexico, año del nacimiento de N. S. Jesu Cristo de MDXLI."

Karte vom Kalifornischen Meerbusen, veröffentlicht vom Bischof Lorenzana in „Nueva España" (Mexico 1770), p. 325.

Kopien: Photolithographie in Revista cientifica Mexicana (Mexico 1880), vol. 1. — Winsor, Hist. of Amer. II, 411. — II. H. Bancroft, Cent. Amer. I, 153. — Ders., North mex. States I, 81.

Die neuen Namen am Kalifornischen Golf beginnen nördlich von San Po und Pablo; alle Punkte der Besitzergreifung erscheinen auf der Karte mit der Bezeichnung p° †, hinter dem Namen des Ortes, bis zum Nordende des Golfes 14mal angegeben.

1541. Nicolas Desliens.

Weltkarte auf Pergament. „faicte à Dieppe par Nicolas Desliens. 1541".

Vgl. Bibl. zu Dresden. sign.: Geogr. A. 52. m. 104 : 57,5 cm.

Jacques Cartiers Entdeckungen am Lorenzstrom heißen La nouvelle Franceze. Für Nordamerika gibt die alte französische Karte, die Winsor (II, 224) veröffentlicht hat, ein ähnliches Bild.

Wenn Kohl daraus, daß Kalifornien auf den alten französischen Karten fehlt, hat beweisen wollen, daß sie vor 1533 gezeichnet sein müssen, ist das Schluß aus dem Fehlen einer Entdeckung unzulässig. Auch bei Desliens 1541 fehlt Kalifornien. Neufundland besteht aus 9 Inseln, Anticosti ist namenlos. Am Lorenzstrom folgen dann die von Cartier gegebenen Namen: Jacquez Cartier, Brest, C. de nenot (statt Tienot), Bai S. Laurens, 7 isles, R de Saguay, ye d'Orleans, C. de Challeur, La nouvelle Franceze.

Daß der Amazonenstrom, vor Orellana, von der Mündung her befahren ist, beweisen die Zeichnung und die Namen Tapajoz, Negro und Rio grande (Madeira).

Die Nomenklatur Brasiliens, nach portugiesischen Quellen, ist sehr reich, hat aber doch Lücken, während anderes doppelt steht.

Hier kommt zum erstenmal Buenos Aires vor. Auch an der Küste von Peru kennt Desliens neue Namen, doch geht seine Kenntnis lange nicht so weit nach Süden wie bei Cabot 1544.

Desliens' Karte von 1541 ist die älteste bekannte französische Pergamentkarte im Stil der Portulane. Harrisse (Cabot, p. 194) schreibt über die älteste französische Kartographie:

Malheureusement on ne connaît pas d'œuvres françaises contemporaines du premier voyage de Jacques Cartier. Selon Desmarquetz, Estancelin et Vitet, l'art de pointer les cartes nautiques ne daterait même en France que du milieu du XVIe siècle, puisque ces écrivains qualifient Pierre Desceliers de „créateur de l'hydrographie française". A notre avis, les cartes anciennes dieppoises — et nous en connaissons une qui porte la date de 1546, laquelle n'est pas la plus vieille, qu'on possède, — sont trop savantes et d'un travail trop supérieur, pour ne pas avoir été précédées d'une longue série d'œuvres de ce genre, dues à plusieurs générations de cosmographes habiles et instruits. Comment supposer que le port de Dieppe, alors le premier du royaume, et où avaient été armées les flottes de Jean Ango, n'ait pas créé, dès le commencement du XVIe siècle, une école de pilotes et de cartographes? Ce qu'on doit reconnaître, c'est que les Dieppois s'inspirèrent de l'hydrographie lusitanienne, soit par l'influence directe de cosmographes portugais établis dans des ports de Normandie ou de Bretagne, soit par des cartes importées du Portugal. Ainsi, seulement, peut-on s'expliquer cette transmission servile de contours dont les premiers exemples se voient sur des cartes dressées dans ce dernier pays, et la nomenclature **absolument portugaise** qui sert de base à toutes les mappemondes dieppoises de la première moitié du XVIe siècle.

(Diese sklavische Abhängigkeit zeigt sich bei Desliens 1541 nicht. R.)

Nous possédons encore quatre planisphères dieppois construits sous le règne de François Ier, lesquels étaient très probablement les monuments cartographiques les plus beaux et les plus complets qu'on eux vus jusqu'alors. Ce sont les mappemondes manuscrites dites de Harley, de Vallard, de Henri II et celle de Desceliers. Elles sont toutes sorties de France, trois depuis vingt ans seulement.

Afin de classer ces cartes précieuses, nous avions d'abord espéré pouvoir prendre pour base les configurations anciennement attribuées à l'isle du Cap-Breton et aux îles adjacentes. Mais, en cosmographie, on ne peut guère s'appuyer sur des données imaginaires, bien que souvent renforcées par des réalités, car alors le tracé dépend, en une certaine mesure, de l'imagination ou du caprice de chaque cartographe. Cette île de „Sam Johan" ou de Saint Jehan, par exemple, placée dans l'Atlantique, à proximité de la Nouvelle-Ecosse, sur toutes les cartes lusitaniennes et lusitano-françaises, est certainement chimérique en sa conception première.

Nous ne pouvons y voir, comme la plupart des historiens de la géographie, l'île du Cap-Breton, non plus que dans l'étroit passage qui la sépare du continent, nous ne reconnaissons le détroit de Causo. Si les Portugais, qui, les premiers, marquèrent cette île, avaient autrefois franchi ce canal, on verrait aussi sur leurs cartes l'île du Prince-Edward, qu'ils ne pouvaient manquer d'apercevoir en débouchant dans le golfe Saint Laurent par cette voie.

Le canal qui sépare l'île de la terre ferme ne se prolongerait pas du nord au sud, comme sur les cartes de Viegas, de Desceliers et de Gutierrez. Enfin, ce détroit ne se trouverait pas non plus dans l'Atlantique, parallèlement au continent même, ainsi qu'on le remarque sur la carte Harleyenne. Situé de l'est à l'ouest, il partirait de l'Océan pour déboucher dans le golfe, comme l'auraient divulgué des observations aussi élémentaires qu'inévitables. D'ailleurs, dans l'Harleyenne, on voit tout à la fois cette grande île océanienne de Saint Jehan, et un canal séparant l'île du Cap-Breton de la péninsule. On n'a aussi qu'à examiner l'île imaginaire que nous discutons, sa forme, ses dimensions, sa position, et en suivre la filiation depuis les premières cartes lusitaniennes, pour s'assurer que les anciens cosmographes n'ont pas eu en vue la Nouvelle-Ecosse, mais une île supposée, transmise par des modèles d'abord servilement copiés, puis modifiés à la suite de renseigne-

monts incomplets ou erronés fournis par des pilotes portugais. Il suffit de rappeler les
îles fantastiques des Sept-Cités, de St. Brandan, de Juan Estevanez, qui continuent à figurer
sur les meilleures cartes jusqu'à la fin du XVIe siècle, pour se rendre compte de la per-
sistance des erreurs de ce genre en cartographie.

On ne peut donc prendre cette partie de la carte comme base d'une classification,
surtout, lorsque, en outre, le critique s'aperçoit que la fameuse île océanienne ne se trouve
pas sur la carte de Rotz, datée de 1542, tandis qu'elle reparaît, dans sa forme et ses
dimensions lusitaniennes, sur la mappemonde dressée par Pierre Descéliers en 1546.

Nous pensons avoir trouvé un guide relativement plus sûr dans les configurations
attribuées à l'île de Terre-Neuve. Il suffit, à notre avis, de partir du principe, que la
proximité des grands bancs de morues (seul attrait alors des expéditions septentrionales)
a porté les pêcheurs à explorer le littoral de la grande île, de préférence aux côtes de la
Nouvelle-Écosse, où le poisson est beaucoup plus rare. Il s'ensuit, qu'à la suite d'échanges
d'observations et d'épures, selon l'usage, les pilotes ont graduellement éliminé les parties de
cet archipel imaginaire dont l'existence n'était pas confirmée par l'expérience, et à reconnaître, mais tard, l'insularité absolue de l'île. En un mot, selon nous, plus Terre-
Neuve est morcelée, plus sa délinéation est ancienne. C'est pour cette
raison que nous plaçons la mappemonde Harleyenne avant les autres cartes d'origine
dieppoise.

1541. G. Mercator.

Globuscalotten. — Kopie: Sphère terrestre et sphère céleste de Gérard Mercator de Rupelmonde.
Édition nouvelle de 1875 d'après l'original appartenant à la Biblioth. roy. de Belgique (Brüssel 1875).

Nach Wieser (Der Portulan Phil. II, S. 8, Anm. 2) kommt auf dieser Karte zuerst
in Nord- und Südamerika der Name Amo-rica, verteilt, vor. In Südamerika darunter noch
die Bemerkung: a multis hodie Nova India dicta. Für die Ostküste Nordamerikas bis
C. Breton (hier unter 50° N. Br. gelegen) ist Mercator in Zeichnung und Namen originell,
ich finde keinen Vorgänger. Bei ihm zuerst Norumbega, dort der grosse Fluss, der breit,
mit vielen Inseln besät ist und früher als S. Joh. Baptista benannt ist. Von der Chesapeakbai an hält sich M. an Ptolemäus 1513, selbst in falschen Wortbildungen, wie z. B.
rio de los gurlatos (statt lagartos), dagegen liest er mit Canerio „Camelle" und nicht
Contello, wie Ptolemäus 1513. Ausserdem hat er einige Namen, die bei jenen Vorgängern
nicht genannt sind.

Von den Entdeckungen Cartiers ist noch nichts bekannt. Die Küste verläuft wie auf
seiner Karte von 1538; auch dieselbe Inschrift: Hispania maior capta anno 1530 findet
sich wieder. Vielfach lehnt M. sich an Ribero, aber nicht sklavisch.

In Südamerika hat er zuerst das C. Cedora in der Form C. lancedora und das C. el
aguja (11° 20' S. Br.). Viele Namen sind entstellt, offenbar nach schlechten Kopien.
Hier ist auch Maggiolo 1519 benutzt, z. B. in Erwähnung von Aruba. Die Namen der
Bahamas sind fast alle entstellt. Auf Cuba treten zuerst die Namen Xagua und Trinidad
auf; auch finden sich Namen wie Isabella und p. real auf Haiti, die nur bei Cosa 1500
vorkommen. Ferner benennen bei M. zuerst die Namen Zecheo Cap und Insel (Desecho)
bei Puertorico, und C. rox (C. rubium), unter den Kleinen Antillen S. Martin, an der Nordküste Südamerikas Blanca bei Margarita, jetzt Blanquilla, sowie je auca zwei- oder dreimal
in Varianten vor.

Für Brasilien ist M. konfus, die identischen Kaps S^a Crucis und S. Augustin stellt er
nebeneinander und die Allerheiligenbai dazwischen. Die Inseln Ascncan und Atriudade
kommen vorher nur bei Salvati 1517 vor. Weiter südwärts hat er zuerst R. Janeiro, os
rius da plata und die Bai S. Matthias. Auf der Westseite Amerikas ist Ribero massgebend.
Gegen Norden geht die Kenntnis nicht über die Fonsecabai hinaus, doch liegt noch nörd-

lich vom Wendekreise an der Westküste Mexikos ein Matonchel sive petra portus. Ost-asien ist nach Toscanelli und Ptolemäus gezeichnet.

1541. Ptolemäus (Lyon).

Die Neue Welt, ähnlich wie in der Ausgabe von 1513, nach Waldseemüller.

1542. Caspar Vopell.

Erdglobus im Kölner Stadtarchiv, 28 cm Durchmesser.

Nova et integra universi orbis descriptio. — Caspar Vopellens Medebach geographicam sphaeram hanc faciebat Coloniae. A. 1542.

Kopie in Michow, C. Vopell in der Hamb. Festschrift zur Erinnerung an die Entdeckung Amerikas. Bd. I Hamburg 1892.

Hier sind die West- und Südhemisphäre wiedergegeben in Globularprojektion. Fester Zusammenhang Amerikas mit Asien wie bei Franciscus Monachus. Cartiers Entdeckungen sind unbekannt, die Ostküste Nordamerikas phantastisch, Yukatan noch Insel, Halbinsel Californien fehlt, phantastisch aufgebauschtes Südland

1542. Euphrosynus Ulpius.

Kupferner Globus, in Italien gefertigt, im Besitz der Historical soc. zu New York. Ulpius hängt für Nordamerika von Verrazzano und Maggiolo ab, aber er gibt auch neue Namen, die anderswo nicht vorkommen: Piaggia do Calami, C. de Terra forma, R. do Braço, Baia dos Moros, Costa do Corsales (Korsarenküste). Deslions (1541) hat für letztere Coste de caracollas. Andre Namen finden sich bei Mercator (1511) und in der Generalkarte von 1527, so daß daraus folgt, daß der Globus verschiedene Vorlagen benutzt hat.

Vgl. Winsor. Hist. of Am. IV. 19 und Kopie p. 42. — Lit. bei Winsor III, 214.

1542, 1546, 1561. Joh. Honter (Honterus).

J. Honterus, Rudimenta cosmographica. Kleine Weltkarte (Zürich).

Kopie: Stevens, Notes.

1542. Jean Rotz.

Manuskript im Brit. Museum. Msc. charts I, p. 22 (London 1844).

„John Rotz, boke of Idrography", mit einzelnen Kartenskizzen:

1. Die Nordostküste von Amerika (vgl. Kohl, Collect., 104 [Okt. 1884]).
2. Canada.
3. Vom C. Breton bis Florida (Umrisse bei Winsor, Hist. of. Am. IV, 82).
4. Die Antillen. „The Indis of occident, quhaz the Spaniards doeth occupy."

Vgl. Winsor, Hist. of Am. II. 226.

Neufundland, „the new fonde Illande", zerfällt in fünf Inseln (Manuskript von Rotz, fol. 29). Man erkennt darin den Einfluß der Entdeckungen Cartiers.

Alle Namen sind portugiesisch, aber ebenso entstellt wie bei Harley.

Vgl. Harrisse, Cabots, p. 201.

1542. Harley-Weltkarte.

Im Brit. Mus. ms. numps. add. 5413. Pergament, 2,85 m breit, 1,20 m hoch, französische Arbeit, aus dem Portugiesischen übersetzt. Vgl. Harrisse, Cabot, p. 197.

Über dem Wappen von Frankreich eine offene Krone. Die geschlossene Krone wurde erst im März 1547 angenommen (Grandmaison, Dictionn. héraldique, Paris 1861, 8°, Col. 193). Das Wappen des Dauphins weist auf Heinrich II., der damals noch Herzog der Bretagne war.

Harrisse verlegt die Karte in 1542, während der Verf. des Katalogs vom Brit. Mus. (London 1844, p. 23) das Jahr 1536 annahm.

Neufundland zerfällt in 11 gröfsere Stücke und in etwa ein halbes Dutzend kleiner Eilande.

Die Namen zeigen (nach Harrisse, Cabot, p. 200) arge Entstellungen; die Vorlagen müssen herzlich schlecht gewesen sein. Übrigens hat die Darstellung der Ostküste der Vereinigten Staaten noch lange unter den flüchtigen Aufnahmen gelitten.

Vgl. Harrisse, Disc. of N. Am., p. 617.

1542. Alonso de Santa Cruz

begleitete Seb. Cabot 1526—1530 zum La Plata, wurde 1536 Cosmografo real, verfafste ein noch nicht veröffentlichtes Isolario (Manuskr. i. d. Kais. Bibl. zu Wien) und starb 1572 zu Sevilla.

Weltkarte auf Pergament in der Kön. Bibl. zu Stockholm, soeben von E. W. Dahlgren herausgegeben in phototyp. Faksimile und beschrieben.

„Nova verior et integra totius orbis descriptio nunc primum in lucem edita per Alfonsum de Sancta Cruz Caesaris Caroli V archicosmographo A. D. MDXLII". Die nördliche und südliche Hemisphäre in Polarprojektion. Cartiers Entdeckungen sind noch unbekannt. Die letzten Daten auf der Karte beziehen sich auf die Besitzergreifung Californiens 1535 und die Reise des Mönchs Marcos de Niza 1539. Ein grofses Südland fehlt, Verbindung mit Asien besteht nicht. Neues bietet in Namen vor allem die Brasilianische Küste.

Vgl. E. W. Dahlgren, Map of the world by A'onzo de Santa Cruz 1542. Stockholm 1892.

1543. Bapt. Agnese.

Atlas von 13 Karten in der Bibliothek Laurenziana in Florenz.

„Baptista Agnese Januensis fecit venetiis 1543 die 12. Februarii."

Vgl. Studi II. 130. no. 171. - Bandini III, 710. — Baldelli Boni, Storia del Mil LLXV. — Zurla, M. Polo II. 369. — Atti Soc. Lig. IV. 492. - Desimoni. Giorn. Lig. II. 57.

1543, 18. Febr. Bapt. Agnese.

Atlas in der Henry Huth-Bibl. zu London.

„Baptista Agnese fecit Venetiis 1543 die 18. Febr."

Harrisse, Cabot, p. 189.

1532—1540. Bapt. Agnese.

Atlas von 13 Karten in der K. Universitäts-Bibliothek zu München.

Kopie in Kunstmanns Atlas, VI u. VII. Vgl. Desimoni in Giorn. Lig. II, 57.

Bapt. Agnese.

Sogenannter Atlas Philipps II., früher im Besitz Karl Spitzers in Paris. 1875 in zwei Gröfsen durch Photographie vervielfältigt.

Vgl. Malte Brun in Bull. soc. géogr. Paris 1876, p. 625 u. 1877, I. p. 557. — Spitzer und Wiener. Portulan de Charles Quint donné a Philippe II. Paris 1875. — Wiener, Der Portulan des Infanten. Wien 1876.

Die Blätter 4, 13 und 14 enthalten Karten von Amerika (vgl. den Atlas Agneses 1544 [Dresden]).

Nach Harrisse, Cabot 194, ins Jahr 1542 zu verlegen, wo den spanischen Kartographen die französischen Entdeckungen Cartiers noch nicht bekannt waren.

1543. Bapt. Agnese.

Atlas von 17 Bl. „Baptista Agnese fecit Venetiis 1543 die 18 februarii." Herzogl. Bibl. zu Gotha. Cod. mem. 11, 146.

Bl. 3—5 betreffen Amerika, 13 und 14 die Weltkarte, 14 und 15 die atlantische Hemisphäre.

Kohl, Hist. of Disc. of Maine, p. 316 u. Taf. XVII. 3

Ruge, Die Entwickelung der Kartographie von Amerika bis 1570. 9

1543. Bapt. Agnese.

Atlas von 12 Karten in der Nationalbibl. zu Paris, B. 2624.

„Baptista Agnese Januonsis fecit venetiis anno Domini 1543, die 25 junij."

Vgl. Desimoni, Giorn. Lig. II, 57.

Nach 1543. Golfo y costa de la Nueva España.

Im Indischen Archiv zu Sevilla, enthält die Forschungszüge von Soto und Moscoso 1539—1543. Die Karte umfafst das Gebiet der Golfstaaten in der nordamerikanischen Union.

Kopie der Karte bei Harrisse, Disc. of N. Am., pl. XXIII und p. 643.

1543. Casp. Vopell.

Globus im altnordischen Museum zu Kopenhagen.

„Caspar Vopell Medebach." — „Nova et universalis orbis descrip."

Nordenskiöld, Atlas, Tafel XI.ª u. p. 83.

1543. Casp. Vopell.

Ein ähnlicher Globus (Ringkugel) in Hamburg im Besitz des Herrn L. Friederichsen. Handzeichnung und -Malerei Vopells mit den Inschriften: „Caspar Vopel artin profes. hanc sphaeram faciebat Coloniae 1543". — „Nova ac generalis orbis descriptio".

Vgl. Michow, C. Vopell, in der Hamb. Festschrift zur Erinnerung an die Entdeckung Amerikas, Bd. I, S. 15.

Fester Zusammenhang Asiens mit Amerika, phantastisch ausgebildetes Südland.

1544. Sebastian Cabot.

Weltkarte in der Nationalbibliothek zu Paris.

„Sebastian Caboto . . . . hizo esta figura extensa in plano, anno del nascimo de ñro saluador Jesu Christo de MD.XLIIII annos."

Kopie: Jomard, Monuments. — K. Kretschmer, Taf. XVI.

Litt.: Kohl, Hist. of discov. of Maine, p. 359 u. Karte XX. — Stevens, Hist. and geogr. notes, pl. 4. — Studi II, 213. — d'Avezac beschrieb sie zuerst in Bull. Soc. géogr., 4me sér., XIV, 264 (Paris 1857). — Winsor, Hist. of Amer. III, 20. — Harrisse, Cabots, p. 151. — Ders., The discov. of North Am., p. 11, p. 23.

Die erste gedruckte Karte, in der Cartiers Entdeckungen eingetragen sind. Die Sprache ist lateinisch und spanisch. Ob in der Kopie Jomards alle Namen genau wiedergegeben sind, ist mir fraglich. Es finden sich manche merkwürdige Namensentstellungen, die auch Cabot selbst veranlafst haben kann.

An der Küste von Nordamerika, zwischen 45 und 40° N. Br., ist folgende Reihe zweimal eingetragen: montagnas, rio de buena madre, rio de s. anto, rio de s. xponal. Die meisten dieser Namen kommen schon auf der Generalkarte von 1527 vor.

Auf Cuba findet sich zuerst barasoa und matama statt matança (Matanzas), auana für habana, marion für mariel. Unter den Kleinen Antillen sind zuerst genannt S. Bartolome, nieves, estatio, Saba. Zwischen Mississippe und Rio Panuco sind die Namen arg verwirrt und teilweise wiederholt. Für Mittelamerika lagen die Generalkarten von 1527 und 1529 vor. Zuerst sind genannt R. de tuspa, rio de lagartos an der Halbinsel Yukatan, ya de arenas, C. Camaron in Honduras, die Rifle von Quita snaguo, aber fälschlich an die Küste von Yukatan statt östlich von C. Gracias a dios gelegt, Sabanilla-Bank, Romenlor-Riff, die S. Bernardo-Inseln beim Magdalenenstrom, im südlichen Binnenlande die ersten Städte Neyva und Bagotlan. Östlich von Tabago liegt eine grofse Fabelinsel, I. de S. Bernaldo. Zuerst sind hier die Nebenflüsse des Orinoco, Rio de mota und Rio de buy apari Apurej, genannt. Cabot verlegt wie Mercator den R. Vincentcannez („rio de manonanes") nördlich vom Amazonenstrom. In Chile geht die Kenntnis bis über den Rio Maule nach Süden.

Vermutlich ist die Karte in Antwerpen gestochen. Nach Harrisse (The discovery, p. 23) ist dies die erste Karte des 16. Jahrhunderts, auf der Cabots Landung 1497 so weit nach Süden (nach C. Breton) verlegt ist. Alle früheren Karten weisen auf Labrador. Harrisse (Discov. of North Am., p. 23) nimmt an, dafs die Legenden auf der Weltkarte nicht von Cabot selbst stammen können. Die spanischen Legenden rühren von Dr. Grajales her, die lateinischen Übersetzungen sind wahrscheinlich an dem Druckorte hinzugefügt und enthalten Sätze, die unmöglich von Seb. Cabot geschrieben sein können; doch fügt er hinzu: „The cartographical data, however, which served as a basis for those tabular explanations, were certainly furnished by Seb. Cabot, or published with his assent, particularly as regards the configuration of the north-east coast of the American continent and the alleged landfall at Cape Breton".

Die Karte wurde 1549 von Clement Adams in Greenwich nachgestochen.

1544. Seb. Münster.

Weltkarte in der Kosmographie.
Kopien bei Santarem und Lelewel, p. 46.

Nach 1544. Carta de las Antillas seno Mejicano y costas de Tierra firme y de la America setentrional.
Veröffentlicht in Cartas de Indias. Madrid 1877.

An der Nordostküste beginnt die Darstellung mit „ancones R. do buelta" und endigt bei der Insel Margarida, an der Nordküste Südamerikas.

Die Westküste reicht von Tehuantepek bis Panama.

In den nördlichen Teilen ähnlich wie bei Ribero 1529.

Nach Harrisse können manche Notizen erst nach 1544 eingetragen sein (Disc. of N. Am., p. 646).

1544. Bapt. Agnese.

Atlas von 15 Bl. „Baptista Agnese Januensis fecit Venetiis 1544 die 5 februari." Kgl. Bibl. zu Dresden, Mac. F. 140a.

Die Taf. IV—VI betreffen Amerika, XII und XIII ist Weltkarte.
Vgl. Wieser im Sitz.-Ber. d. Kgl. Akademie zu Wien, Bd. XXXV (1876), S. 82.

Für die Westküste von Mittel- und Nordamerika liegen zwei verschiedene Karten vor, von denen die eine von Panama bis rio serrado, die andere von Guatimala bis C. ouguno (Eugenio) geht. Beide greifen ineinander über, so dafs Sacatula (Cacatola) doppelt erscheint. Im übrigen ist die Darstellung identisch mit dem Atlas Philipps II., so dafs beide Werke in dieselbe Zeit zu setzen sind.

1545. Bapt. Agnese.

Atlas von 15 Bl. „Baptista Agnese fecit. Venetiis 1545 die 8 Maii." Bibl. Marciana zu Venedig. Mac. cl. IV, cod. 499.

Blatt 4 und 5 betreffen Amerika, 13 ist Weltkarte.
Vgl. Studi II, 132, no. 176. — Matkovic, Schiffcr'arten zu Venedig. S. 10 (Wien 1863). — Atti Soc. Lig. rendic. 1867, p. 175. — Desimoni, Giorn. Lig. II, 57.

1545. Jean Allefo¬¬ce (Alfonce).

Alfonce stammt aus Saintonge, nahe bei Cognac; er war Seekapitän und Pilote du roy unter Franz I., leitete das Geschwader Robervals nach Canada 1541, ¬ forschte den Lorenzgolf von Belle-Isle bis C. rouge und blieb dort zwei Jahre.

Manuskript in der Nationalbibl. zu Paris (fonds franç. no. 676).

„Cosmographie avec espere et regime du Soleil et du No. 1 en notre langue françoyse, composée par Jehan Allefonsce et Paullin Secalart cosmographe de Honnefleur." 1.5.4.5.

Vgl. Harrisse, Cabot, 209. — Umrifsskizzen bei Winsor, Hist. of Am. IV, 71—77. — Weise, Discoveries of America, 355.

9 *

Es sind vier Karten von ihm vorhanden in seinem „Routier", III, 178, 180, 184, 186; diese Skizzen haben eine Größe von 0,20:0,7 m. Er sagt, daß C. Breton früher C. St. Johan genannt sei und daß man glaubte, am Saguenay den Seeweg nach China gefunden zu haben. Das C. Noroveregne ist nach Harrisse (Cabot, p. 209) das C. Sable. In seiner Kosmographie beschreibt er den R. de Noroveregne, nach Winsor (IV, 70) identisch mit dem Penobscot. Daran liegt 15 Leguas landeinwärts die Stadt Norombergue. Von hier läuft die Küste 200 Leguas gegen Südwesten zu einer breiten Bucht, die 20 Leguas ins Land zieht, und die 29 Leguas breit ist. Es ist der Long Island Sound. Sein C. Franciscan entspricht C. Cod. Von dem Golfe läuft die Küste westnordwestlich 46 Leguas bis zu einem großen Flusse, in dessen Mündung eine Sandinsel liegt (Sandyhook). Dies ist die erste Erwähnung des Hudsonflusses.

Seine Skizzen sind nicht so genau wie seine Beschreibung. (Nach Harrisse.)

1545. Seb. Münster.

Weltkarte im Novus Orbis, zuerst in der Ausgabe 1540.

1545. Seb. Münster.

Weltkarte im Ptolemäus, wiederholt abgedruckt im Ptolemäus 1552 und in der Kosmographie 1554.

Vgl. Winsor. Hist. of Amer. IV, 84

1545. Karte von Nordost-Amerika

in einem nautischen Atlas. Museum Correr zu Venedig.

Vgl. Harrisse, Notes sur la nouv. France. no. 188.

1545. Pedro de Medina.

Karte von Amérika in „Arte de navegar". (Sevilla 1545.)

Bemerkenswert durch die korrekte Zeichnung der Landenge von Panama und die Demarkationslinie. Eine der wenigen vor 1570 in Spanien gedruckten Karten.

Dieselbe Karte auch in Medinas Werk: Libro de grandezas y cosas memorables de España (Alcala de Henares 1548—1566).

Nordenskjöld, Faksimile-Atlas, p. 50. Faksimile p. 117, no. 75. — Dasselbe Werk erschien auch in Lyon 1553 u. 1569, in Venedig 1554 und 1555

1546. Pierre Desceliers.

Weltkarte, die sogenannte Karte Heinrichs II. „Faicte à Arques par Pierre Desceliers, presbre 1546." Ehe die Inschrift gefunden wurde, hatte d'Avezac die Karte dem Jahre 1542, Kohl 1543 zugewiesen.

Kopie in Jomard, Monuments. Taf. XIX.
Litt.: Gaffarel, Brésil Français. Paris 1878. — Guibert, Ville de Dieppe I, 348. — Malte-Brun, Un géogr. français du XVI siècle in Bull. soc. geogr. Paris 1876. Sept Bull. Acad. d'Inscr. et B Lett. août 1867. — Winsor, Hist. of Amer. IV, 85, 86. — Kohl, Collect. no. 156 (Jan. 1885). — Ders., Hist of disc. of Maine. Karte XVIII u. p. 351. — Harrisse, Cabot 210.

Desceliers gilt als créateur de l'hydrographie française.

Die Nomenklatur bleibt im ganzen noch portugiesisch. Kohl hat einen Teil der für Canada wichtigen Namen gedeutet. Oft gehen diese auf Maggiolo und Ribero zurück; an der Ostküste Brasiliens hat er dieselben Quellen wie Desliens. Südlich von La Plata findet sich die eigentümliche Bemerkung, daß diese Küsten noch nicht besucht seien.

Wenn die Lesarten, was mir zweifelhaft erscheint, bei Jomard richtig sind, dann hat Desceliers für die Westküste Südamerikas, die er nicht so weit kannte wie Cabot, schlechte Vorlagen gehabt und sich oft verlesen, z. B. parmonga für Barranca, Terragillo für Trujillo. Bei ihm findet sich zuerst St. Claire bei Tumbes, die Plata- und Gorgona-Insel. Gorgona gegenüber kennt Desceliers eine Pa de Peru, die Desliens (1541) auch gehabt zu

haben scheint, die aber unleserlich geworden ist. In Mittelamerika ist ye St. Marie dop] ??
angegeben, die östliche mufs getilgt worden. Die Westküste Nordamerikas ist genau so
schabloneumäfsig wie die Desliens. Die Halbinsel Kalifornien fehlt, wie bei Desliens.

1546. Giacomo Gastaldi.

Universale, gestochene Weltkarte in elliptischer Form. „Giacomo cosmographo in Venezia MDXXXXVI"; 53 : 38 cm; in meiner Sammlung; ferner citiert in Castellani, Catalogo ragionato delle piu rare opere geogr. a stampa (Roma 1876) und beim Antiquar
Rosenthal in München 1890; aufserdem in der Bibliothek der Kapstadt.

Amerika hängt breit mit Asien zusammen. Die Entdeckungen Cartiers am Lorenzstrom sind noch unbekannt. Neufundland zerfällt in sieben Inseln. Westlich von der
Halbinsel Kalifornien liegt noch die Insel Cipango. Nordwestlich von Kalifornien beginnt
bereits die ostasiatische Nomenklatur. Yukatan ist Insel. An der Küste Südamerikas
folgt Gastaldi den Generalkarten von 1527 und 1529, doch hat er an der Magelhãesstrafse die
jenen unbekannte campana de Roldan. Für die Ostküste Nordamerikas ist Agnese sein
Vorbild; auch die Zeichnung der Stadt Temistitan in einen See erinnert daran.

In Südamerika ist der phantastische von Süden nach Norden gerichtete Schlangenlauf
des Amazonenstromes merkwürdig, wobei das Quellland des Stromes, Quito, westlich von
der Mündung des La Plata zu liegen kommt. Südamerika ist ausgezeichnet durch eine
Reihe grofser Landschaftsnamen: Castilla de loro governation de Bastidas, Governation de
la compagnia de los Belzares, Governation do P. de Heredia, Governacio de Francesco
Picaro el Peru, Colno (Provinz zwischen 25 und 30° S. Br.), Quito (Provinz unter 35°
S. Br.).

1546. João Freire.

Atlas von 7 Karten auf Pergament. 31 : 27 cm. „Joham Freiro a fez era de 546."
London, Brit. Museum. Faksimile im Catalogue of the extraordinary collection of splendid
manuscripts (London 1859), p. 181, no. 827.

Vgl. Harrisse, Cabot, p. 220. — Santarem, Recherches sur la priorité de la découverte de
la cote occidentale d'Afrique (Paris 1842), p. 127. — Ders., Essai sur l'histoire de la Cosmographie
Paris 1852, tom. III. Einleitung.

1. Canada und Labrador.
   Kopien: Santarem. — Winsor, Hist. of Am. IV, 86: Skizze des Lorenzgolfos. —
   Kohl, Collect. no. 152 (Jan. 1885).
2. Neufundland, das siebente Blatt im Atlas.
   Kohl, Collect. no. 153.
3. Oberkalifornien mit teils lateinischer, teils spanischer Nomenklatur.
   Die Expedition Cabrillos noch nicht angedeutet.
4. Unterkalifornien.
   Eine dürftige Skizze vom Küstenverlauf, fast ohne Namen, findet sich in Winsor,
   Hist. of Am. II, 448.

1546. Joh. Honterus.

„Universalis Cosmographia" in Rudimenta cosmographica (Zürich 1546) zeigt uns nur
ein kleines Bild von Amerika, wie es etwa Schöner 25 Jahre früher entworfen hat.
Nordenskiöld, Atlas, Taf. XLIV.

1547. Nicol. Vallard von Dieppe.

Manuskr.-Atlas in der Sammlung von Sir Thomas Philipps. „Nicholas Vallard de
Dieppe, dans l'année 1547."
Dieser Atlas wurde zuerst von Barbié du Bocage in einer Sitzung der Akademie 1807
besprochen und später beschrieben im Magasin Encyclopédique (von Millin), t. IV (1807),

p. 107. Vgl. R. II. Major, Early Voyages to Terra Australia, Introd. p. XXXV. Damals war der Atlas im Besitz des Fürsten Talleyrand.

Kohl (Hist. of discov. of Maine, p. 355) meint, Vallard sei nur der Besitzer gewesen, nicht der Verfasser, und der Atlas datiere infolge dessen vor 1547, also 1543; möglicherweise rühren die Karten von Deslieus her.

Kopie in Winsor, Hist. of Am IV, 86. 87; von der Ostküste von Nordamerika.

Vgl. Kohl, Generalkarten. S. 59. — Ders., Collection no. 154 (Jan. 1885). — Ders., Descript. Catalogue, p. 38. — Ders., Hist. of disc. of Maine, Karte XIX u p. 354. — Harrisse. Cabot, p. 249.

Der Titel des einen Blattes, das Kohl reproduziert, lautet: Terra de Bacalos. Im Norden beginnt die Karte mit „Labrador", dann folgt „Terra nova" in teils portugiesischen, teils französischen Namen. Im Süden C. de Rax (Race). Am besten ist der Lorenzgolf und die Nordküste von Maine dargestellt, nach Cartiers Aufnahmen. Der Lorenzstrom heifst Rio de Canada. Die Namen, nach Cartier, sind zuweilen falsch geschrieben, z. B. C. trenot, statt tienot, rio doucho (douce), Ille de coudre, statt Isle aux coudres, tadacone statt Stadacone, lago do golesme statt Angoulême.

Manche Namen finden sich bei Cartier nicht am Flusse: totomagy, estadacou (ist identisch mit Stadacona), agochonda, canoche. Daraus soll, meint Kohl, hervorgehen, dafs der Atlas von einem Portugiesen gezeichnet ist. Illustrationen am Lorenzstrom scheinen sich auf die Expeditionen Cartiers und Robervals 1541/42 zu beziehen.

Weiter südlich ist der Rio de la buena madre in einen Rio de buona madoira verändert.

1548. Giac. Gastaldi. (Ptolemäus, Venedig.)

Unter den 60 Karten sind 26 Ptolemäuskarten und 34 neue, darunter folgende von Amerika:

No. 54. Terra nuova. Südamerika.
No. 55. Nova Hispaña.
No. 56. Terra nova Bacalaos. Die Ostküste von Nordamerika von Florida bis Labrador. Der Lorenzgolf ist als ein Archipel dargestellt, von Cartiers Entdeckungen ist nichts bekannt.

Winsor, Hist. of Am. IV. 88. — Ders. Kohl Collect. 104 (Oktober 1884).

No. 57. Isola Cuba nuova.
No. 58. Isola Spagnola.
No. 59. Universale nuova. Ähnlich wie das Universale von 1516. (Nordenskiölds Atlas. Taf. XLVa.)
No. 60. Carta marina universale. Die Zeichnung Nordamerikas verrät den Einflufs Maggiolo-Verrazanos.

Nordenskiöld, Taf. XLVa. — K. Kretschmer, Taf. XVIII, 3.

1549 (?). Diego Homem.

Amerika. Pergamentkarte. Manuskript Brit. Museum.
Ähnliche Darstellung wie bei B. Aguese.

1549. Vesconte Maggiolo.

Atlas von 4 Karten in der Bibl. Comunale zu Treviso. Taf. II u. IV betreffen Amerika. „Vesconte de Maiollo composuit in Janua anno domini 1549, die X Decembris."

Um 1550. Antonius Floreanus.

In Lafreris Atlas. Weltkarte.

Kopie in Nordenskiölds Atlas. no. 48, p. 84.

Die Westküste Nordamerikas verläuft ebenso glatt wie bei Deslieus und Desceliers. Amerika hat mit Asien keinen Zusammenhang. Nördlich von der Baccalarum regio zieht sich eine gegen West und Südwest breiter werdende Meeresstrafse, fretum arcticum, die nach China führt; Ostasien ist nach Toscanelli dargestellt, auch sein Cipango ist noch vorhanden. Yukatan ist immer noch Insel, und die Entdeckungen Cartiers fehlen.

1550. Pierre Desceliers.

Weltkarte im Brit. Mus. Add. Mac. no. 22065. Größe 2,15 : 1,35 m. „Faicto à Arques par Pierre Desceliers. PBRE: l'an 1550.“

Vgl. de Challayes in Bull. soc. géogr. Paris. Sept. 1852. p. 235. -- Harrisse. Cabot, p. 229.

Der Kartograph äußert sich in einer Kartusche bei Island über den Zusammenhang von Amerika mit Asien: „Aulcuns cosmographes ont conjoinct l'Asie avec la Floride, neufue Espaigne, Torre fermo et Amérique, et disent icello estre partie de l'Asie, mais l'opinion di ceulx n'est à ensuyuir autant qu'elle n'appert par certaine expérience, ne par raison“.

'r rrisse p. 230 nennt die Nomenklatur sehr reich, sie gibt sogar einige Andeutungen und Aufklärungen über dunkle Namen in Desceliers 1546 und Desliens 1541/46, z. B. Les montagnes de Cartier (mit Beziehung auf seine Niederlassung am C. Rouge). In Labrador wird Desliens' „manuol“ vollständiger in G. de manuel pinho verwandelt. Die Prinz Edwards-Insel heißt wie bei Desliens Je des arenes. Die Insel ye brion findet sich auch schon bei Desceliers 1546. Neufundland besteht nur noch aus drei Inseln, dagegen fehlt noch die Enge von Canso, die sich schon bei Rotz und Harley findet.

Zwischen 1540 u. 1550. Portugiesis 'er Atlas

in der Bibl. Riccardiana zu Florenz. Codex no. 1813. Ei. tlas von 25 Karten.

Kopie der 8 Amerika betreffenden Karten zuerst in K. Kretschmer. Taf. XXXIII—XL.

Die Ostseite der Neuen Welt von Labrador bis Neufundland und im Westen die Küste von Tehuantepek bis Callao darstellend. Zwar sind die Entdeckungen Cartiers am Lorenzstrom noch nicht eingetragen, doch sind die Eingänge in den Lorenzgolf im Norden und Süden von Neufundland angedeutet, und merkwürdigerweise ist die Ostküste Neufundlands, welches hier einen Teil des Festlandes bildet, in ununterbrochenem Küstenzuge dargestellt. Wenn diese Auffassung auch keine spätere Zeit verrät, da sie schon bei Reinel vorkommt, so doch um so mehr die eigentümlich schlanke Gestalt Floridas, die sich gerade so bei Pedro de Medina 1548, Demongenet 1552 und noch später bei Ortelius 1570 wiederfindet. Die Ostküste Nordamerikas von Neufundland an bis Florida hat denselben Verlauf wie auf den Generalkarten von 1527—1529, sowie bei Peter Martyr 1534 und Ortelius 1570.

Man sieht daraus, wie lange gewisse Küstenstriche ihre erste, wenn auch unrichtige Zeichnung beibehielten.

Die Westküste ist scheinbar nur vom C. S. Roman im Norden bis Callao im Süden bekannt, was wieder auf frühere Zeit als 1550 hinweist. Ganz auffällig ist, worauf auch K. Kretschmer aufmerksam macht, die ziemlich richtige Zeichnung des Feuerlandes, das hier vollständig als umsegelt dargestellt ist. Ob man an Hoces' Fahrt (1526) denken kann, wage ich nicht zu entscheiden.

Die erste Küstenstrecke im Norden, die sich von Osten nach Westen erstreckt und über der der portugiesische Wimpel weht, ist die Küste von Labrador. Sie verläuft ähnlich wie auf der Karte Pedro Reinels (Kunstmanns Atlas, Taf. I). Aber dort ist an dem langen Küstensaum kein Name angegeben. Hier dagegen ist das Gestade dicht mit Namen besetzt und diese begegnen uns seltsamerweise nicht früher unter den erhaltenen Karten als auf dem Weltbilde Desliens von 1541 und wiederholen sich noch auf der berühmten Mercatorkarte von 1569.

Desliens 1541.	Karte der Riccardiana.	Mercator 1569.
Terre du Laborador.		
Caramello.	Costa perdida.	¦
C. de terre fermo.	C. da espera.	¦
playne.		
R. grande.	Rio grande	

G. de amorado.	G. dos amorados.	Angra de José Mano
gandra.		
Redonda.	G. redonda.	
y. de maio.	i. de le de maio.	
R. epeiro.	G. de repeiro.	
Costa bm.	Costa dobrada.	
	Costa fria. R nevado.	R. nevado.
C. de terre firme.	C. da terra firme.	C. de terra firme.
argillier.	R. de bon vista.	r. de la bona vista.
y⁸ de bang (?).	i. dos berreiros.	y. dos bareiros.
R. du prassell.	g. do pracel.	baia dos pracelg.
R. de proye (?).	R. dos picheis.	r. dos picheis.
	abaln.	
R. escura.	G. escura.	Gio. escura.
terra de jehā väz.	terra de jā väz.	Terra de Joan Väz.
C. des basses.	C. das bayns.	C. das baxas.
R. de manuel.	R. de Mannel pinrho.	Gio. de Manuel Pinhron.
	G. de Jā Väz.	
R. de Sierra.	R. da serra.	baia do serra.
tousaints.	R. dos santos.	baia dos santos.
terre anos.	terra dobras branros.	
pracell	g. do pracel.	
mallin } de mallin.		
prnin		
R. du brandon.	G. do brādā.	gio. do brandon.
R. de bandeon.	G. de malnus.	R. de malnus.
	Ilha do carunha.	ylhas do caronilla.

Die Ostküste von Neufundland, eine zusammenhängende Gestadelinie, läuft wie schon bei Reinel von Norden nach Süden; aber in der reichen Nomenklatur (30 Namen) weicht sie von allen bekannten Karten ab, zeigt aber in der Reihenfolge die meiste Ähnlichkeit mit dem Ulpiusglobus von 1542. Auffälligerweise enthält dieser Globus fast nur die wenigen auf der Riccardischen Karte rot geschriebenen Namen. Die dritte Kolumne der folgenden Liste nennt die Karten, auf denen auch noch der betreffende Name der Riccardischen Karte vorkommt und zeigt damit die starken Abweichungen an.

Ulpius 1542.	Riccardiana.	Sonstiges Vorkommen d. Namens.
y. dos demonios.	i. dos demonios.	Mercator 1569, Cabot 1544.
	golf um dm trompb.	
C. da trompēta.	R. da trompēta.	Reinel, Ribero, Deslien, Mercator 1569.
C. frio.	C. Frio.	
	R. de lobos marinos.	
	R. dos caranlos.	
	ho Lagnn.	
	C. do maren.	
	R dasmorelo	
	C. de P. crpra (?)	
	R. de readror (Pedro?).	Pedro bei Reinel, Ribero, Deslieus, Descelier⁸ (1516 .
	R. Longino.	
	b. frenosa	
	p. dagno un (das gauos?) .	bei Reinel, Weltkarte 1527, Deslieus &c.
C. branco.	branco.	
	b dos vacos brancos.	
	b. dagnn⁸n,	
terra cortereulis.	terra dos corte Heâes.	Maggiolo 1527, Mercator 1569.
	R. grande.	
	p. do padrā.	
	san. fre,	Mercator 1569.
	p. do mr⁸,	
	b. das Rocus.	
	R. Reall.	
S. crucis.	b. da cruz.	Maggiolo 1517.
C. de bonavista.	C de bon vista	Deslieus, Mercator 1569.
	R. frenoso.	
	S. ciria (Sta Cyria	Kunstmann, Taf. III.
R. do barcados	R. dos barelhaus.	Reinel u. B.
	n. conceiçā.	Kunstmann, Taf. III, Deslieus.
	C. Rasso.	Reinel, Kunstmann, Taf. III u. B.

Daß diese Karte später als Riberos Karte gemacht sein muß, erkennt man auch aus der Darstellung der Insel Cap Breton, die hier aber noch den alten Namen fam. Joß trägt und durch einen schmalen Sund von dem gegenüberliegenden C. Bertä (Breton) getrennt ist. Joh. Alfonso sagt 1544/45, daß das C. Breton früher den Namen C. St. Johann gehabt habe (Harrisse, Cabot, p. 209). Da wir nun auf den Blättern der Riccardiana die Namen C. bertä und b. des bertoes ziemlich nahe bei einander haben, so darf der Atlas nicht in frühere Zeit hinaufgerückt werden, wie man vielleicht aus der altertümlichen Darstellung von Labrador und Neufundland schließen könnte. Der Name C. Breton erscheint zuerst bei Denlieus 1511, dann auf der Harleyschen Zeichnung 1512 (C. lo bertä), bei Cabot 1544 (del bertä) und in der Folge fast auf allen Karten. In dieselbe Zeit des 5. Jahrzehnts des 16. Jahrhunderts werden wir auch durch das Vorkommen des Namens Anorobegna geführt, der sich mit diesem Anfangsbuchstaben vor Denlieus nicht nachweisen läßt, von da aber ebenso beliebt ist als der Name des C. Breton; während wir Oronbega schon 1529 bei Verrazano und Norembergue bei Harley antreffen. Die Küstenzeichnung bis zur Halbinsel Florida folgt der Darstellung der beiden Generalkarten von 1527 und 1529; aber die Namengebung zeigt auch hier keine unmittelbare Abhängigkeit von irgendeiner erhaltenen Seekarte. Am meisten stimmen die Riccardische Karte und Desceliers 1546 überein.

Ohne den Vergleich des Riccardischen Atlas noch weiter fortzuführen, glaube ich doch nach den bisherigen Wahrnehmungen annehmen zu dürfen, daß diese in den Inschriften reichhaltigen und in den Namen wenig entstellten Blätter in der Zeit von 1540 bis 1550 entstanden sind.

Um 1550. Giac. Gastaldi.

Karte von Amerika in Ramusio 1556, vol. III, gezeichnet von Gastaldi um 1550 nach Materialien, die Oviedo an Ramusio sandte. Der Titel lautet: „Universale della parte del mondo nuovamente ritrovata".

Amerika zum erstenmal als westliche Halbkugel dargestellt. Die Grenzen der Küsten liegen im Osten in der terra del Laborador, im Westen an der Sierra Nevada.

Hypothetische Landverbindungen mit Asien oder Meeresstraßen im Norden sind nicht angegeben.

Nordamerika heißt La Nova Spagna, Südamerika El Peru. Gegen die Darstellung von 1546 ist der Fortschritt nicht zu verkennen. Cabrillos Entdeckungen 1542/43 sind berücksichtigt. Stichfehler sind Läena statt Lima, ya de fernando lorogna (statt Lorogna). Mississippi und Lorenzstrom sind nicht angedeutet.

Kopie in Winsor, Hist. of Amer. II. 228. — Über die Entstehung der Karte vgl. Ramusio III. discorso. „The general map of America is a very accurate production, the result of the study of Spanish original maps and reports of the time. It is one of the best, most complete and correctly printed of the maps published near the middle of the sixteenth century." (Kohl. Hist. of disc. of Maine. p. 227.
Die Karte erschien in der 2. Auflage Ramusios 1565 wieder.

1550. Pierre Desceliers.

Portulan im Brit. Mus. (Cat. of Mss. no. 24065).

Vgl. Harrisse, Cabot, p. 236. — Bull. soc. geogr. Paris. Sept. 1852 u. Sept. 1856.

Der Lorenzstrom ist noch unbenannt, aber die Chaleurbai trägt schon diesen Namen. Winsor, Hist. of Am. IV. 87.

1550 (?). A map of part of North-America,

from 28° N. northwards. (Rome [?] 1550.) Brit. Museum, Kartonkatalog I, p. 87, S. 69 (13).

1550. Diego Gutierrez (junior).

Pergamentkarte im Dépôt des cartes de la Marine, Paris. Größe 1,30:0,85 m. „Diego gutierrez Cosmographo de Su magd. me fizo en seuilla. Año de 1550."

Harrisse (Cabot, p. 231) hält sie für eine Kopie von Alonso Chaves' Weltkarte von 1536, die Oviedo in seiner Hist. general XXI, cp. X, t. II, p. 148 beschreibt, die aber verlorengegangen ist.

Um 1550.   Atlas mit Karten von Nordamerika.
Im Riccardi-Palast zu Florenz.
Vgl. Jahrb. d. Ver. f. Erdkunde Dresden 1870, pl. 6–9.
Die Umrisse der Karte sind zu wenig charakteristisch wiedergegeben.

1551.   Peter Apianus.
Weltkarte in seiner Cosmographia (Paris 1551), verschieden von der Weltkarte 1541 Antwerpen).
Kopien: Nordenskiölds Atlas. Taf. XLIV.   K. Kretschmer. Taf. XIX. 2.
Die Darstellung Nordamerikas ist bedeutend hinter der Kenntnis der Zeit zurückgeblieben.

155(?).   Joannes Martines.
Planisphäre.   Manuskr.-Atlas im Brit. Mus., no. 9, 814.
Winsor (Hist. of Amer. II, 150) gibt eine flüchtige Umrißskizze, die schon die später sogenannte Anianstraße in ihrem vermuteten Verlaufe darstellt. Die Nomenklatur ist vorzugsweise italienisch, mit spanischen Formen. Kohl vermutet nur, daß Martines der Verfasser ist, denn sein Atlas von 1578 stimmt damit überein. Aber die so frühe Angabe der Anianstraße müßte uns eigentlich warnen, die Karte schon in die fünfziger Jahre zu setzen.
Kohl Collection no. 63.

1552.   Franc. Domongenet.
Globus-Coloten.   „Faciebat Franciscus Demongenet anno 1552.“
Nordenskiölds Atlas. Taf. XL.
Die Zeichnung Nordamerikas, namentlich der Verlauf der Westküste, erinnert an Apian 1551 und Desliens.
In Nordamerika stehen die Worte: baccalea, hispania maior, II. nova a F. Cortesio bis devicta; in Westindien: Cuba, hisp.; in Südamerika: AMERICA, domus tota aurea hic inventa est, brasilia. Unter 60° N. Br. geht eine Wasserstraße um Nordamerika herum, so daß sich das arktische Asien darüber hinlagert.

1552.   Gomera.
Historia general de las Indias (Saragossa).   Enthält eine Karte von Amerika,
J. Winsor, Bibliography of Ptolemy's geography (Cambridge, Mass. 1884), p. 30a.

? Gine. Gastaldi.
Universalis exactissima atque non recens modo verum et recentioribus nominibus totius orbis insignata descriptio; quo nomine studiosis omnibus non tam utilis quam maxime necessaria, per Jacobum Castaldum Pedemont., apud Venetos: Prostant Antuerpiae apud Gerardum de Jode in Borsa nova.
Diese große Weltkarte in 2 Blättern mißt 0,80 : 0,47 m.   Nationalbibl. zu Paris no. 20168, 2 Exemplare.
Vgl. Harrisse, Cabot, p. 237.

1553.   Gino. Gastaldi.
Karte von Brasilien in Ramusio 1556, III, p. 427 B.
Brasilien ist im Westen durch den Marañou und La Plata begrenzt, die aus benachbarten Quellseen in der Provinz Mullobamba, der eine nach Norden, der andere nach Süden fließen.

1553. Nicolas de Nicolay.

Weltkarte, 30 : 20 cm, enthalten in der französischen Übersetzung von Medinas Arte
de navegar, die Nicolay 1553 zu Lyon herausgab als: L'Art de naviguer de Pierre de
Medine. Lyon, fol.

Die Karte trägt die Inschrift: N. Nicolay du daulphine, Géogr. du Roy.

Vgl. Harrisse, Cabot. p. 239.

Etwa 1553. Portugiesische Weltkarte.

1,80 : 1,10 m, im Dépôt des cartes de la marine, Paris, archives de l étage, porte-
feuille I, no. 4.

Sehr schöne Arbeit, bei der auch französische Quellen für Canada benutzt sind. Eine
breite Meeresstraße zieht sich von der Davisstraße etwa zum Großen Ozean, wie auf französischen Karten.

Harrisse, Cabot. p. 238.

1553. Pierre Desceliers.

Weltkarte auf Pergament, ähnlich denen von 1546 und 1550. „Faicte à Arques par
Pierre Desceliers. Prebstre 1553." Im Besitz des Abbé Sigismond de Bubies zu Wien.

1553. Bapt. Agnese.

Atlas von 32 Karten. „Baptista Agnese in Venezia al 10 settembre 1553." Im Besitz des Conte Dona zu Venedig.

Vgl. G. Berchet, Portolani esistenti nelle principale bibl. de Venezia, p. 4 (Venedig 1866). —
Desimoni, Giorn. Lig. II, 59. — Atti Soc. Lig. Rend. 1867, 176

1554. Bapt. Agnese.

„Baptista Agnese, fecit Venetiis anno Domini 1554 die 15 Julii." Citiert in Zurla,
M. Polo II, 369 (Venedig 1818).

1554. Bapt. Agnese.

Atlas von 36 Karten in der Bibl. Marciana zu Venedig, Cod. LXII. „No Baptista
palnere fecit uenetiis anno domini 1554, die 20 octobris rab." (sic).

Photogr. vervielfältigt und in der Sammlung von Theob Fischer, pl. XVII (Venedig 1881. Ongania). —
Vgl. Matkovic. S. 13. — Canale. St. des Comm., p. 175. — Atti Soc. Lig. IV, 492 — Desimoni,
Giorn. Lig. II, 59.

Amerika ist dargestellt wie 1545.

1554. Bapt. Agnese.

16 Karten in der Sammlung des Grafen Giu. Batt. Giustiniani. Venedig.

Harrisse, Disc. on N. Am. 629.

1554. Framezini.

Weltkarte von Framezini, gestochen von Julius de Musis.

J. Winsor. Bibliography of Ptolemy's geography (Cambridge. Mass., 1884 . p. 308.

1554. Joh. Bellero.

„Brevis exactaque totius novi orbis ejusque insularum descriptio recens. Joan. Bellero
edita." Kleiner Holzschnitt in Gomaras, Hist. general de las Indias.

Vgl. Kunstmann, S. 150. Uricoechea. no. 12.

Dieselbe Karte erschien auch in Cieza de Leon's Chronica del Peru. 1556. - Darinel de Tirel's
La Sphère des deux mondes 1555. Levinus Apollonius. De Peruvia. 1565—1567 - Vgl. J. Winsor.
A bibliography of Ptolemy's geographie (Cambridge, Mass., 1884 . p. 308.

155 (?)   Atlas von Bologna.

Universitäts-Bibliothek.   Cod. 997. Die Amerika betreffenden Blätter sind zuerst von
K. Kretschmer, Taf. XXIII—XXVI, veröffentlicht und für Arbeiten B. Agneses erklärt.

„Der Atlas (schreibt Kretschmer S. 418, Anm. 3) umfaßt 20 Karten und ist das
vollständigste Exemplar, welches mir von diesem Kartographen zu Gesicht gekommen ist.
Die von ihm erhaltenen Kartenwerke, welche er fabrikmäßig in Grofs-, Mittel- und Klein-
Format herstellte, und die meist schon am Einband (braunes Leder mit Goldverzierung
kenntlich sind, sind zahllos. Die von Uzielli-Amat und Harrisse (Cabot) gegebenen Ver-
zeichnisse sind nicht im entferntesten vollständig. Es gelang mir in Italien eine grofse
Anzahl von Atlanten, die bisher als Anonyma gegolten hatten, als Werke Agi. ses zu
erkennen."

Ich kann noch den im Atlas gegebenen Kopien keine Ähnlichkeit mit den bekannten
und mit Agneses Namen belegten Kartenwerken erkennen. Darstellung und Schreibweise
weichen von den echten Arbeiten sehr ab, und die Gleichartigkeit des Einbandes kann
vorläufig noch nicht als Beweis dienen. Dafs die vorliegenden Karken nicht vor 1550 zu
setzen sind, deuten Inschriften an den Westküste Amerikas an, in Nordamerika die Bemerkung: „Fin qua scoperso franc" Vasquez de coromade" und in Südamerika: „p° de
Valdiuia". Die Entdeckungen Cartiers am Lorenzstrom sind zwar eingetragen aber ganz
falsch dargestellt.

Wie sehr die Legenden der echten Agneses von dem Bologneser Atlas abweichen,
zeigen folgende Reihen aus Nord- und Südamerika. Auf den Agneses lauten diese Namenreihen zwischen 1536—1546 auf vier Karten fast ganz gleich, und wenn man weifs, dafs
der Kartograph lange mit veralteten Darstellungen sich begnügte und z. B. Yukatan noch
in den vierzig Jahren als Insel darstellte, so wird man sich schwer zu der Annahme
entschliefsen, dafs Agnese alle seine frühern Vorlagen plötzlich über Bord geworfen und
ganz andere Vorbilder gewählt habe.

1. Küstennamen vom Gomezlande bis Florida:

Agnese 1536—1546.	Atlas in Bologna.
C. de anchas islas.	C. de Molte Isole.
montanas.	C. de s. Maria.
san zuan baptista.	Archelago.
	C. Bosso.
rio de buena madre.	R. de bona madre.
montana verte.	
B. de S. Antonio.	B. de S. ant°.
B. de xpouall.	P. de S. crestofolo.
C. de S. Maria.	C. de S. Tiago.
	C. de arena.
rio de san zuan.	C. Salmar.
terra de lecenciado nilon.	P° del principe.
	Rio Jordan.
	R. Jordan.
	R. de S. helena.
	C. Secco.
	Rio sero.
	C. della cruz.
	(R.) la cruz.

2. Küstennamen vom C. S. Augustin bis Cananea.

Agnese (Kunstmann)	Atlas von Bologna.
C. de S. Agostin.	C. de S agostino.
R. de S. Francesco.	
porto reall.	P° Real.
	B. de todos santos.
B. de todos S.	R. dubda (Turin 1523).
rio de los colum.	R. anguio (R. de Juan gaye. Cabot)
rio de brazill.	R. de pruio (Deslicus)
rio de las gostins.	R. di S. piero.
bayos de los pargos	P° seguro (Cananio).

Sierra de S. lucia.
† rio.
† rio.
rio de lostreme.
P. de S. salvad.
riu de lu cannanes.

B. de S. Salvador (1527).
B. de los Reyes (Cuneto).
p° de S. vicente (Cuneto).
Bonubrigo.
l° fedonda.
l° de S. sebastino (Cuneto).
l° de S. Katalina (Mercator 1541).
p° de los patos.

1555 (?). Eine Karte vom Orinoko und Amazonas.

Mapa de los rios Amazonas Esequivo o dulce y Orinoco y las comarcas adyacentes.
Nach einer Handzeichnung nachgebildet in Cartas de India.

1555 (?). Französische Karte vom Golf von Mexiko.

Die Küstenlinie geht von Maine bis Honduras. Die Westküste Nordamerikas ganz wie
bei Desliens 1541.
Vgl. Winsor. Hist. of Am. II. 224.

1555. Bapt. Agnese.

Citiert im Catalogue des cartes géogr. de la bibl. du prince Labanoff (Paris 1823),
no. 2067.
Harrisse. Cabot. p. 189, note 7.

1555. Guillaume le Testu.

Atlas von 59 Bl. auf Papier, 53 : 37 cm, im Kriegsministerium zu Paris. D. ²/₄ 14.
„Cosmographie universelle selon les navigations, tant anciens que modernes, par Guillaume
le Testu pilotte en la mer du ponent: De la ville Francoyse de grace" (Le Havre).
Auf Bl. VIII: Le livre fvi achevé par Guillaume le Testu. Le cinquième jour
dapuril 1555 auant pasques.
Man sie.t noch den portugiesischen Einfluß auf die französische Kartographie.
Vgl. Harrisse. Cabot. p. 241. — J. Winsor. Bibliography of Ptolemy's geography. p. 30a.

1556. Cieça.

Dessen Werke (Antwerpen 1556) enthalten eine Karte von Amerika, s. Bellero 1554.

1556 (?). Neufundland.

Winsor (Hist. of Am. IV, 87) gibt nur Umrisse einer Manuskr.-Karte aus dem Brit.
Museum.

1556. Angelo Freducci aus Ancona.

Atlas in der Biblioteca comunale zu Mantua (Codex E. v. 10, Nr. 646).
K. Kretschmer (Taf. XX und XXI) hat zuerst die Karten von Westindien und der
Küste Brasiliens bis zur Allerheiligenbai veröffentlicht. Wertvoller und origineller in den
Namen ist die Karte von Westindien. Hier treffen wir deutliche Spuren der Karte
Vespuccis an der Nordküste Südamerikas. Nur auf dieser Karte habe ich westlich von
C. Codera die beiden Namen unl ernoso und unl de amerigo gefunden.

1556. G. Vopell.

Herzförmige Weltkarte in Giravas Cosmographia (Mailand 1556).
Kupien: Nordenskiölds Atlas. Taf. XLVb. Winsor. Hist. of Amer. II. 436 (verkleinert). —
H. Stevens. Notes. — Brit. Museum. Catalog 920 (207).

Für die Auffassung ist beachtenswert, daß dicht neben Tierra de Baccalaos steht „Asia oriental" und daß südöstlich von Mexiko an der Stelle, wo sich sonst Cipango befand, nun neben einer großen Insel „Malucas" zu lesen ist.

Im unbekannten Südlande, südlich von der Magalhaesstraße, steht: Tierra meridional desembierta el ano de 1499. Hindeutung auf Vespuccis Ansprüche.

Am obern Rande der Karte die Inschrift: Typo de la carta cosmographica de Gaspar Vopellio Medeburgense.

Dieselbe Karte ist in der Ausgabe 1570 wiederholt.

1556. Hieron. Girava.

Dos libros de Cosmographia (Mailand 1556), s. G. Vopell 1556.

1557. Antonio Millo veneziano.

Atlas im Brit. Museum. (Bibl. Cotton. Julius E. II.)
Studi biogr. e bibliogr. II. p. 140. no. 193.

1558. Caspar Vopell.

Weltkarte, aus 12 Holzschnitten bestehend. Früher in der Sammlung des verstorbenen Feldzeugmeisters Ritter v. Hauslab, jetzt im Besitz des Fürsten v. Liechtenstein. Herzförmige Projektion, also ähnlich der Karte von 1556.

Vgl. Michow. Caspar Vopell, S. 9. in der Hamb. Festschrift zur Erinnerung an die Entdeckung Amerikas. Hamburg 1892. Bd. I.

1558. Diego Homem, Portugiese (lebte in Venedig).

Atlas im Brit. Museum. Add. 5415 A. „Diegus Homem, cosmographus fecit hoc opus año salutis 1558."

Harrisse, Cabot. p. 243 Kohl. Discov. of Maine. p. 377 u. Karte XXI. — Winsor. Hist. of Amer. IV. p. 92.

No. 4, 10, 11 und 12 beziehen sich auf Amerika. No. 4: Weltkarte. No. 10: Ostküste von Nordamerika. No. 11: Südküste von Nordamerika und Ostküste von Südamerika. No. 12: Nord- und Ostküste von Südamerika.

Im spanischen Amerika zeichnet Homem zuerst die Halbinsel Kalifornien.

Winsor. Hist. of Amer. II. 229.

Im Norden beginnt die Karte mit der Küste Terra agricole, die wie Grönland unter 60° N. endigt. Nördlich davon ein desertum Busor(um). Das Polarvolk der Busi erwähnt Adam v. Bremen in seiner Hist. eccles., cp. 228. Etwa am Eingange der Hudsonstraße 60° N. — liegt eine I. da fortuna. An der Küste von Labrador und Neufundland sind die meisten Namen portugiesisch, nur an der Belle-isle-Straße französisch. Die Westküste Neufundlands ist unbestimmt gelassen.

Der Norden von Canada löst sich in Inseln auf und westlich davon liegt das Meer Mare lopuranantium. Nur Homem kennt diese Namen. Kohl vermutet, er möchte ebenso mythisch sein wie Busi, und weist auf die Lebersee in demselben Kapitel Adams v. Bremen, was doch zu fern liegt, wenn auch die ersten Silben ähnlich klingen. Weiterhin für Neuschottland hat Homem gute Kartenvorlagen gehabt, seine Zeichnung ist richtiger als bei Mercator 1569 (Kohl 381). Auch die Fundybai hier zuerst, wenn auch noch mit unbestimmten Linien.

Um 1558. Diego Homem.

Atlas von 8 Karten, ohne Namen. 1,25 : 1,10 m. In der Nationalbibl. zu Paris, no. 1021 A.

Harrisse, Cabot p. 243.

1558. Diego Homem.

Atlas. Im Arsenal zu Venedig.
Atti Soc. Lig. IV. CLXVII. — Harrisse. Cabot. 244.

1558. Zenes Karte des nordatlantischen Ozeans

in dem Werke: Relazione dello scoprimente dell isole Frislanda, Eslanda, Engroveland, Estotilanda et Icaria, fatta da due fratelli Zeni M. Nicolo il cavaliere e M. Antonio. Venetia per Franc. Marcolini 1558.

Daß die Karte der angeblich.n Entdecker aus dem 14. Jahrhundert in manchen Teilen die Darstellung des Olaus Magnus (1539) nur kopiert hat, ist nach der Wiederauffindung dieser Karte unwiderleglich dargethan.

Zenos Kart e wurde in den italienischen Ptolemäus-Ausgaben von Ruscelli 1561 und Moletti 1562 nachgestochen und äußerte noch bei Mercator 1569 und Ortelius 1570 ihren Einfluß.

Die Litteratur über die Karte und angebliche Reise siehe in J. Winsor. Bibl. of Ptolem. geogr. 1884. p. 31.

1559. Andreas Homom.

Weltkarte in 10 Bl. auf Pergament. 77:62 cm. Ministerium der Auswärtigen Angelegenheiten in Paris.
Vgl. Harrisse. Cabot. p 244.

Universa ac navigabilis totius terrarum orbis descriptio cum omnibus portubus ysustis fluviis.

In einer Kartusche: Andreas Homo, cosmographus Lusitanus me faciebat. Antverpiae año 1559.

Die Karte ist denen Diego Homems ähnlich, die Nomenklatur ganz portugiesisch oder portugiesisch gemacht, wie Seqnanoa (Sagnenay), Golesme (Angonlesme), horleans (Orleans). Doch kommen im Norden mehrere französische Benennungen vor.

1559. Diego Homem.

Atlas. Nat.-Bibl. Paris, Carton. C. 4877. Diegus Homo Cosmographus me fecit año salutis 1559.
Vgl. Harrisse, Cabot. 244.

1559. Bapt. Agnese.

Atlas In der Sammlung von Perez Junquera, Madrid. „Hecho en Venezia en 1559, por Baptista Agnese" (sic). Vgl. Lista de los objetos de la exposicion americanista. II. 858.)
Harrisse, Cabot. 185, Note 8.

1560. Niculло del Dolfinatto.

Cosmographo de christianissimo Re. Gedruckte Karte von Amerika in „Navigationi del mondo novo . . . opera di N. del D. etc. 1560".
Brit. Museum. S. 30 (2). Kopie der nordamerikanischen Küste in Kohl, Hist. et disc. et Maine. Int. XVII. 1 u. p. 317. — Kohl. Collection. no. 68.

1560. Diego Homem.

Atlas. Bibl. Marciana in Venedig. Classe IV, Codex 64. „Diegus Homem cosmographus me fecit anno Domini 1560."
Vgl. Harrisse, Cabot 243.

1560. Furlani-Gastaldi.

Amerika. Paulus de Furlanis Veronensis opus h e oxmi Cosmogr. Dat Jacobi Gastaldi Pedemon ani instauravit . . . Venetus, Joanni Francisi Camotii aeneis formis 1560.
Brit Mus., Katalog S 10 16. Eine Skizze davon in Winsor, Hist II. 438.

Nordamerika steht im engsten Zusammenhange mit Asien. Im Mississippithale sind Elephanten und Chinesen dargestellt. Nordwestlich von der Halbinsel Kalifornien liegt Zangar, weiter südwestlich davon Tebet, Quisai, die Insel Cimpagu, Mungi u. a.

1560. Forlani, Paoli di.

Navigationi del Mondo novo.   P. di F. fecit 1560.

Brit. Mus. Katalog S. 30 (2).

Furlani, siehe Forlani.

1560 (?). Forn. Bertelli.

L'isola Spagnola.   F. B. exc. 1560 (?).   Venedig.

Brit. Mus., Kat. I. 953, S. 10 (1).

1560. F. Bertelli.

L'Isola Cuba.   F. B(ertelli).   Venedig 1560 (?).

Brit. Mus., Kat. I. 953, S. 10 (1).

1560 ?). Die grofse Insel Cuba mit der umliegender Lantschaft. (Augsburg [?] 1560 [?]).

Brit. Mus., Kat. I. 953, S. 10 (2).

1560 (?). Forlani, Paoli di.

La descrittione di tutto il Peru . . . di P. di F.

Brit. Mus., Kat. S. 30 (2).

1560. Gastaldi, Giacomo di.

Weltkarte.   Opus J. G. 1560.

Brit. Mus., Kat. S. 10 (1).

1560. Globus.

Im Mathem. Salon zu Dresden.

Vgl. Wieser, Magalhäesstrafse, p. 70.

1561. Diego Homem.

Atlas.   Bibl. Parma.   Invent. Nr. 40.

Vgl. Harrisse, Cabot. 214.

Nach 1560. Bruchstücke einer spanischen Karte von Nordamerika

Kopie in Durn. Aren de Noé, Madrid 1881.   Original in der Bibl. der Akademie der Geschichte zu Madrid. — Vgl. Harrisse, Cabot, p. 245.

1561. Girol. Ruscelli.

Eine Planisphere, nicht veröffentlicht, im Museum der Propaganda in Rom.

Vgl. Thomassy, Les papes géographes, p. 26.

1561. Joh. Hontorus.

De cosmographiae rudimentis.   Basel 1561.   Herzförmige Weltkarte.   Faksimile in Nordenskiölds Atlas, Nr. 76, S. 119.

Zusammenhang von Nordamerika und Asien im Stile Schoners.   Camsay und Mangi liegen westlich von Kalifornien.

1561. Girolamo Ruscelli aus Viterbo († 1569 zu Venedig.

Ptolemäus. Venedig 1561.

Die Karten dieser Ausgabe, erweiterte Kopien der Karten Gastaldis zum Ptolemäus 1548, wiederholen sich in den folgenden Ausgaben 1562, 1564, 1574.

Sie bildeten das Modell für die gemalten Wandkarten, die unter Pius IV. im Vatikan ausgeführt wurden. Vgl. Thomassy, Los papes géogr. in Nouv. Annales de Voyages 1853, p. 155.

Statt des schon 1546 von Gastaldi entworfenen Universale ist eine

1. Orbis descriptio in zwei Hemisphären gegeben. Yukatan und Kalifornien sind Halbinseln, Nordamerika und Asien hängen zusammen. Grönland heißt Terra de lavorad und hängt im Norden nicht mehr mit Europa zusammen.

2. „Carta Marina nuova tavola" ist Nachbildung der Karte Nr. 60 aus dem Ptolemäus von 1548.

3. Septentrionalium partium nova tabula ist Nachbildung der Zeno-Karte von 1558, doch hängt auf der Originalkarte Grönland mit Lappland zusammen, auf der Kopie nicht.

4. Tierra nova, Südamerika.

5. Nueva Hispaniae tabula nova. Yukatan und Kalifornien als Halbinseln.

6. Tierra nueva. Neufundland und Umgebung

7. Brasil nuova tavola.

8. Isola Cuba nova.

9. Isola Spagnola nova.

Die Tierra nueva ähnelt Ramusios Nova Francia, aber erstreckt sich weiter, bis 40" N., und enthält noch mehr französische Namen als bei Ramusio. C. de S. Maria ist hier wahrscheinlich das C. Cod. Hier erscheint zuerst der Name Larcadia[1]) vom indianischen Acadie, was in der Mikmaksprache einen Platz bedeutet. (Kohl, Disc. of Maine, p. 235.)

Auf der Karte Nueva Hispania finden sich die Namen am Mexikanischen Golfe alle auf der Generalkarte von 1527, aber mit manchen Entstellungen, ebenso auf der Karte von Südamerika.

1561. Bartolomeo Olives di Majorca.

Atlas im Kgl. Archiv zu Neapel. Bl. 2 u. 3 beziehen sich auf Amerika. Stadt II. 128.

1562. Diego Gutierrez jun.

Americae sive quartae orbis partis nova et exactissima descriptio. Auctore D. Gutiero, Phil. regis cosmographo. H. Cock sculpsit 1s. Winsor (History IV. 90) macht aufmerksam auf die Antwerpen 1562), 6 Bl.

Katalog, Brit. Mus. 5. 79. Nr. 18510. 18. Winsor (History IV. 90) macht aufmerksam auf die „curious confusion of names and localities in its canadian parts". — Harrisse, Cabot, p. 152.

1562. Gastaldi (Forlani, Camotii).

Planisfero universale. 30 : 50 cm, citiert in Castellani, Catalogo ragionato, Roma 1876. Fiorini citiert in seinem Werke aber die Kartenprojektionen, p. 601, folgende Karten:

1. Universale descriptione di tutta la terra conosciuta fin qui. In Venetia al segno del Pozzo. 150

2. Paulus de Fer... s Veronensis opus hoc cosmographi Jacobi Gastaldi pedemontani incauravit et dedicavit Paulo Michaeli Vicentino. Venetiis Joan. Francisci Camotii aereis formis. MDLXII.

1562. Girolamo Ruscelli.

Ptolemaeus (Venedig 1562) enthält dieselben Karten wie 1561, ebenso die Ausgaben von 1561 und 1574.

1562. Bartolomeo Olives.

Atlas in d. Vatikan. Bibliothek, Codex Urbinas. Nr. 283.
Kopie Kretschmer, Taf. XXXI u. XXXII.

[1]) Arcadie steht auch auf einer Karte des Atlas von Bologna (K. Kretschmer, Taf. XXIII).

Kunge, Die Entwicklung der Kartographie von Amerika bis 1570. 11

Diese beiden Karten umfassen die Antillen und Teile von Südamerika.- In einer Legende auf Taf. XXXII liest man die Worte: „la nueua description que traxo el S. D. Garcia este Año 1562 de toda la costa de Chile asta el Estrecho . . .“

1562—1566. Paolo Forlani.

Carta nautica in der Nationalbibliothek zu Paris.

Vgl. Santarem, p. CXII—CXVII.   Bull. soc. géogr. Paris 1889.   Studi II, 112.

1563. Giorgio Sideri, dotto Callapoda di Candia.

Atlas von 10 Karten, in der Marciana, Codex IV, 148, Venedig.

Kopie der Karte von Amerika in K. Kretschmer, Taf. XXII.

Fester Zusammenhang Nordamerikas mit Asien. Nordamerika heifst Bacalan regio, Südamerika Peru.

Vgl. Studi II, 433. — Kohl Collection no. 69, S. 17.

1563. Lazaro Luiz.

Amerika. Faksimile, veröffentlicht in E. A. de Bethoncourt, Descobrimentos, guerras e conquista dos Portugueses em terras do Ultramar. Lissabon 1881.

Im Norden die Inschrift: „La terra dos laurador que descobrio Joam Alvarez“ (i. e. Fagundes). Die Reise des Fagundes fällt vor 1521.

Citiert nach H. Harrisse, Disc. of N. Amer, p. 181, und Harrisse, Cabot, 276.

1561. Bapt. Agnese.

Atlas von 9 Blättern. „Baptista Agnese fecit uenetijs anno dni 1564 die 25 Mai“.

Brit. Mus., add. Mscr. no. 25442.

1564. Baptista Agnese.

In der Marciana (?).

Vgl. Matkovic, Alte Itineraria   Seekarten, S. 10. — Harrisse, Cabot, 189

Bapt. Agnese.

Eine Anzahl Atlanten ohne Jahr.

1. Bibliothek der medizinischen Fakultät zu Montpellier. 22 Bl.
2. Kgl. Bibliothek zu Stockholm. 10 K.
3. Herzogl. Bibliothek in Wolfenbüttel. 14 K.
4. Sammlung des Barons Edmund Rothschild in Paris. 9 K.
5. Sammlung des Herrn H. Y. Thompson in London. 11 K.
6. Sammlung des Grafen Malartic in Dijon. 10 K.
7. Archiv der Propaganda in Rom. 14 K.
8. Nationalbibliothek zu Florenz. G. XIII, P. codex 5(?).
9. Königl. Bibliothek zu Turin. 15 Bl.
10. Bibl. Barberiniana zu Rom. Nr. XLVIII, 81.
11. Bibl. Barberiniana zu Rom. Nr. XLVIII, 125.
12. Privatbibliothek des Kaisers von Österreich. Nr. 7343. 12 K.
13. Universitatsbibliothek Glasgow (?).
14. K. K. Hofbibliothek in Wien. Cod. membr. no. 623. „Aptista Ag se ianuensis fecit venetiis 15. — die February.“

K. Kretschmer, Taf. XVIII, 5, hat eine Karte von Amerika aus der Bibl. Nazionale zu Neapel VIII, D. 6, veröffentlicht, die er für eine Arbeit Agneses hält. Ich kann der Ansicht nicht beipflichten; ich finde keine Ähnlichkeit mit den Karten Agneses. Das vorliegende Blatt stammt aus den sechsziger Jahren des 16. Jahrhunderts und ähnelt der Darstellung Sideris 1563 und Bassus' von 1570.

Vgl. Harrisse, Disc. of N. Am., p. 629.

1564. Forlani.

Descrittione dell Isole di Cuba da Paolo Forlani. 1564.
Brit. Museum, Katalog I, 953. K. 123, 19.

1564. P. Forlani, Veronese.

Gedruckte Karte von Hispaniola. „In Venotia, Paulo Forlano Veronose, fec. 1564."

1565. F. Bertelli.

Universale descrittione di tutta la terra conosciuta fin qui 1565 F. Berteli exc.
Brit. Mus., Kat. S. 10 (2).

1565. Forlani (Gastaldi).

Universale descrittione di tutta la Terra conosciuta fin qui. P. F. Veronese fecit 1565.
Brit. Mus., Kat. S. 10 (2).
Nachstich der Karte von 1562.

Zwischen 1560—1570. Paulo di Forlani.

Südamerika. „La descrittione di tutto il Peru." Aus Lafreris Atlas.
Faksimile in Nordenskiölds Atlas, Nr. 80, S. 127.

Das ganze Innere mit Zeichnungen von Flüssen und Bergen ausgefüllt; aber von Westen her rücken die Orts- und Landnamen weit über die Berge, so dafs Quito von der Ost- und Westküste gleich weit entfernt liegt. Nördlich vom Maragnon fliefst noch ein R. de Oreglinna.

1565. Lemoyne.

Florida, gedruckt in Brevis narratio der Expedition von Laudonnière (de Bry, 1591).
Kopie in Gaffarel, Floride Française. — Shipps. De Soto and Florida. — Vgl. Winsor, Hist. of Am. II, 271.

1566. Guillaume le Testu.

23. Mai 1566. Karte im Auswärtigen Amt in Paris. 118 : 79 cm, Pergament.

„Cette carte fut pourtraicte en toute perfection tant do latitude que longitude par me.' Guillaume Le Testu pilotte royal natif de la ville Francoyse de grace. Fut achevée le 23 jour de May 1566."
Harrisse. Cabot. p. 242.

1566. Joh. Prätorius.

Globus, in Nürnberg, Stadtbibliothek.
Vgl. Ghillany. M. Behaim. S. 60.

1566. Oronce Finé (Cimerlinus).

Herzförmige Weltkarte vom Jahre 1536. Nachgestochen von Joh. Paul. Cimerlinus in Verona als „Cosmographia universalis ab Orontio olim descripta". Joannes Paulus Cimerlinus Veronensis in aes incidebat anno 1566.
Faksimile in Nordenskiölds Atlas Nr. 53, p. 89.

1566. N. Desliens von Dieppe.

Manuskript-Karte in der Nationalbibliothek zu Paris.
Winsor. Hist. of Am. IV, 79. — Fidd. Collection sub 1566. p. 47.

1566. Zaltieri (Zalterius) von Bologna.

Nordamerika, aus Lafreris Atlas.

„Il disegno del discoperto della nova Franza il quale s'e hauuto ultimamente della novissima navigatione de' Franzesi in quel luogo: Nel quale si uedono tutti l'isole, porti,

capi et luoghi fra terra che in quella sono.   Venetiis aeneis formis Bolognini Zalterii.
Anno MDLXV."

Faksimile in Nordenskiölds Atlas Nr. 81, p. 129. — Kopie in K. Kretschmer, Taf. XIX, 3.

Die Karte ist besonders merkwürdig dadurch, dafs hier zuerst der Name Fretum
Anian erscheint, und dafs von nun an fast ganz allgemein Nordamerika und Asien wieder
getrennt dargestellt wird.   Diese Karte wird schon von R. Willes in seiner Abhandlung
(Hakluyt III, p. 26 [London 1600]) als die älteste Karte mit dem Namen „Anian"
genannt.

Winsor (Hist. of Am. II, 450) gibt eine Skizze der Weltkarte von Martines, ohne
Jahr, die von Kohl zu früh, nach 155 (?) verlegt wird.   Das Original findet sich im Brit.
Museum unter Nr. 9814 in der Sammlung des Herzogs Cassano Serra.

Auf der Karte Zalterii sieht man, wie weit die Kenntnis des Landes geht, und wo
die Phantasie anfängt, namentlich an den Namen Quivira, Civola, Apalachen, ein Name,
den Soto zuerst hörte, und Nova Franza.   Die französischen Entdeckungen am Lorenzstrom sind noch nicht richtig eingetragen.

1568. Diego Homem.

Atlas in der Kgl. Bibliothek zu Dresden.

„Diegus home cosmographus Lusitanus fecit venetiis año a partu virginis 1568."

Der Atlas beginnt mit Amerika und bringt 1. Mittelamerika, 2. Peru, 3. Brasilien,
4. Nova Francia und die Kleinen Antillen, 5. Terra Agricolae.

Die Neufundlandküste ist vollständiger als bei allen Vorgängern und gibt, nach portugiesischen Vorbildern, die Küste von J. de Fortuna bis C. Raso, Bello isle und Lorenzgolf.
Dann sind die Namen von Verrazzano und Maggiolo entnommen.   Weiter im Süden sind
ganz originelle Namen, die sonst nirgend vorkommen, z. B.: Cap de S. Jaques (an ganz
andrer Stelle), Ribera de jardis.   Weiterhin kommen Anklänge an die Cartas da India.
Die Südküste von Haiti hat viel neue Namen, die auch mit dem Ptolemäus von 1561
nicht stimmen.

Für die Nordostküste Südamerikas diente Desliens als Vorbild.   Südlich von R. Janeiro
wird die Nomenklatur unsicher bis zum Laplata.   Die Kenntnis der Westküste reicht gegen
Süden bis nahe zur Insel Chiloe.

1569. Ant. Sal.

Doppelherzförmige Weltkarte, gedruckt. exc. Romae.

Brit. Mus. — Kohl, Collection, no. 71.

1569. G. Mercator.

Weltkarte in usum navigantium, Originale in Paris und Breslau.

Nach dem Exemplar in Breslau ist die Karte von der Gesellschaft für Erdkunde zu Berlin photolithographisch vervielfältigt in „Drei Karten von G. Mercator. 41 Tafeln. Berlin 1891".   Kopie in Jomard,
Monuments de la géogr.

Für die höchsten Norden kopiert M. die Karte Zenos, namentlich Grönland, das unter
dem Polarkreis endigt.   Darunter folgt das wirkliche Grönland, das bis zum 60.° N.
herabreicht, als terra Agricolae oder Labrador der Spanier, dem er den Namen Estotiland
gibt, das nicht wie bei Zeno eine Insel ist, sondern zum Festlande von Nordamerika ge-
schlagen ist.

Gut gezeichnet ist dagegen Labrador als Terra Corterealis.   Die Breitenbestimmunge-
für Neufundland sind zum Teil richtig, z. B.: C. Race; im Innern Canadas weist eine
Inschrift auf ein Süfswassermeer hin, von dem die Anwohner des Saguenay wissen; jedenfalls die erste Kunde vom Huronsee

Weiter im Süden zuerst der Name Golfo Mexicano.   Nordwestlich von Hispania nova also in Nordmexiko, beginnt bereits Indía, und doch sind Asien und Amerika durch die Anianstrafse getrennt. In Südamerika nennt er Copiapo zuerst. M. kennt die Westküste ebensogut wie Homem, aber seine Zeichnung ist falsch.

1570. Francisco Basso.

Globus in Mailand.

Kopie der amerikanischen Seite in K. Kretschmer, Taf. XXIX.

Basso vertritt wieder die Ansicht von dem engen Zusammenhange Asiens mit Europa.

Harrisse. Cabot, 217.

1570. Giov. Martines von Messina.

Atlas von 18 Karten.

Brit. Museum. — Desimoni, Giorn. Ligust. II, 62, 265.

1570. Jehan Cossin von Dieppe.

Manuskript-Karte in der Nationalbibliothek zu Paris.

Harrisse, Cabot, p. 217.

1570. G. Gastaldi.

Weltkarte, gestochen von Forlani.

1570. G. Gastaldi.

Weltkarte, gestochen von C. Duchot.

1570. A. Ortelius.

Theatrum orbis terrarum (Antwerpen 1570, 20. Mai.) 53 Karten.

1. Typus orbis terrarum.

2. Americae sive novi orbis, nova descriptio.

Die Umrisse, die Mercator und Ortelius dem Erdteil Amerika gaben, hielten sich lange.

Druck der Engelhard-Reyhersehen Hofbuchdruckerei in Gotha.

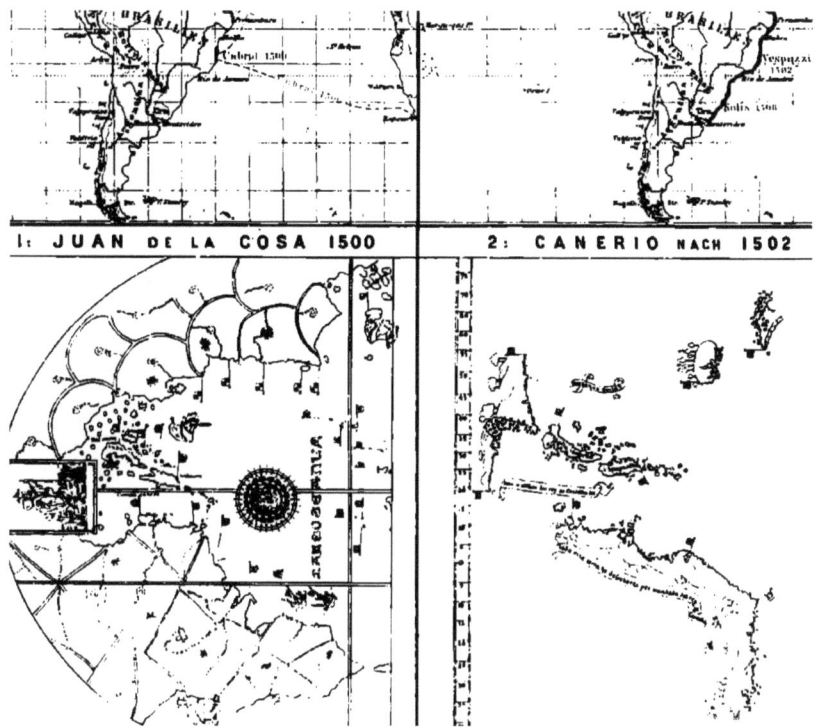

1: JUAN DE LA COSA 1500   2: CANERIO NACH 1502

ENTWICKELUNG DER KARTOGRAPHIE
Von Prof. Dr.

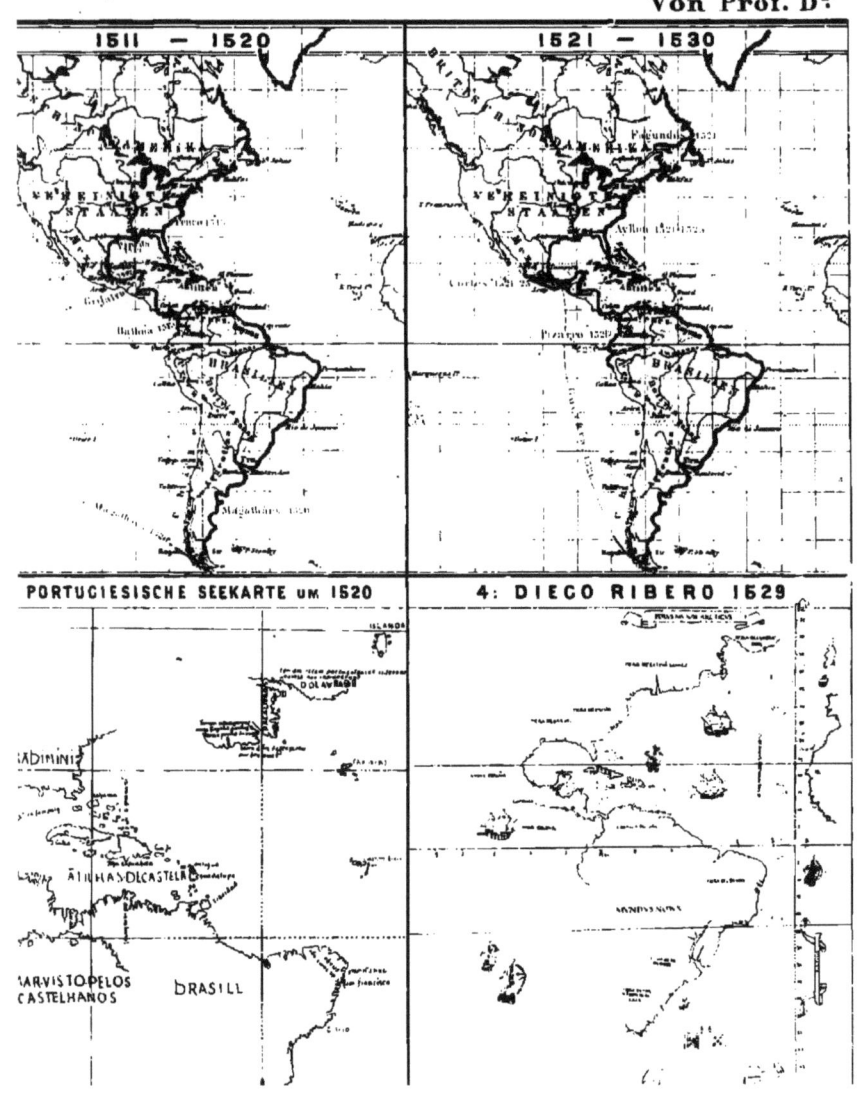

1511 — 1520

1521 — 1530

PORTUGIESISCHE SEEKARTE um 1520

4: DIEGO RIBERO 1529

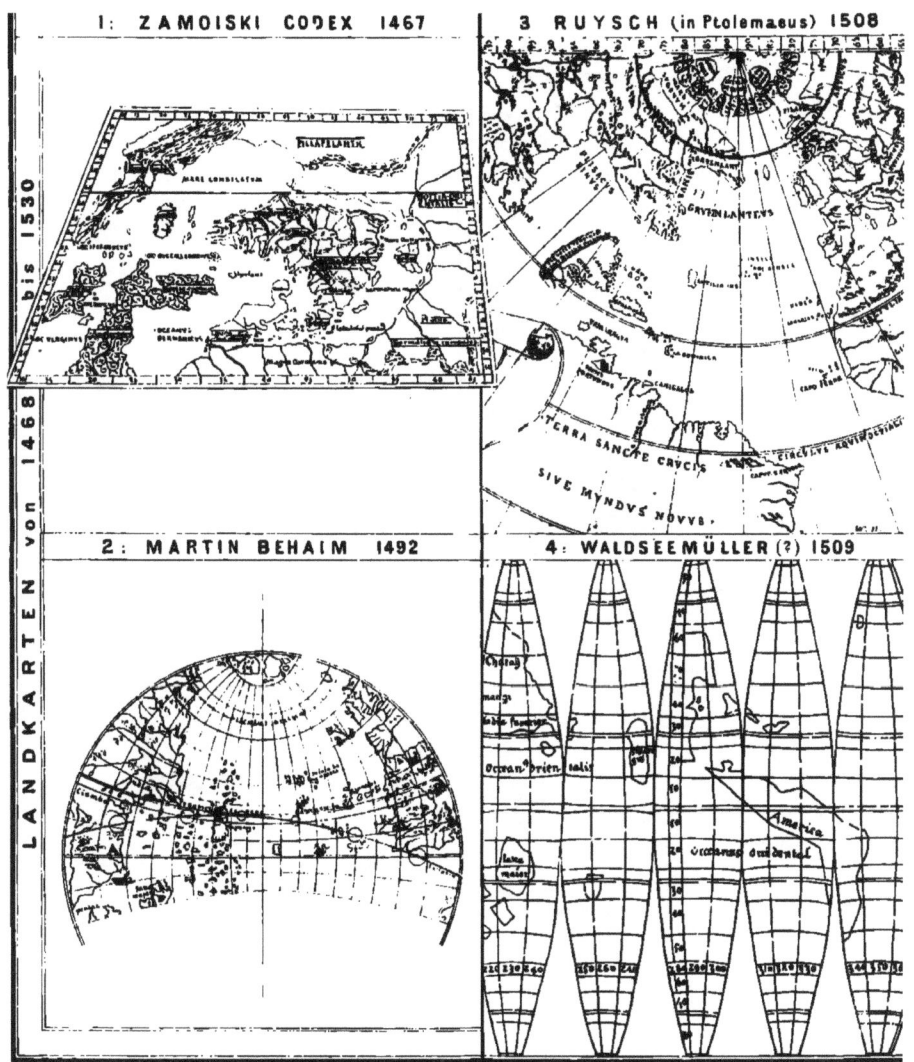

1: ZAMOISKI CODEX 1467

PILAPELANTA

MARE CONGELATVM

3 RUYSCH (in Ptolemaeus) 1508

GRVENLANTEVS

TERRA SANCTE CRVCIS

SIVE MVNDVS NOVVS

2: MARTIN BEHAIM 1492

4: WALDSEEMÜLLER (?) 1509

Ocean orientalis

America

oceanus occidentalis

(left vertical text) LANDKARTEN von 1468 bis 1530

Redigiert von D͟r B. Hassenstein, autographiert von C. Schmidt.

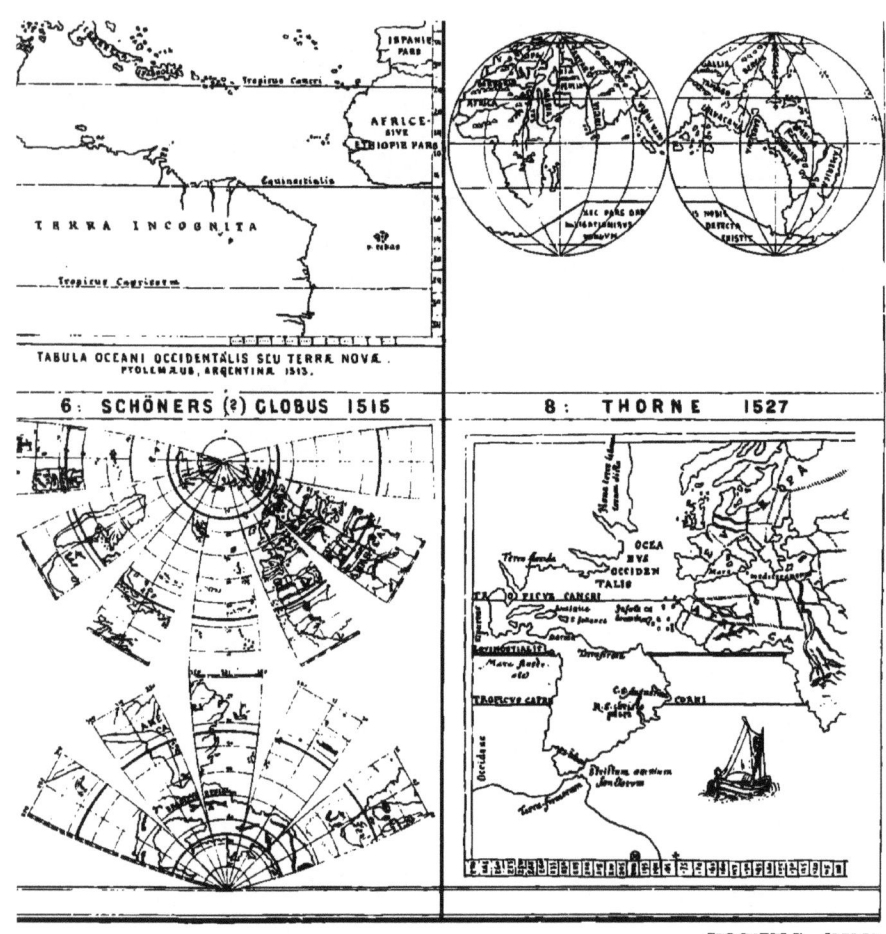

TABULA OCEANI OCCIDENTALIS SEU TERRÆ NOVÆ.
PTOLEMÆUS, ARGENTINÆ 1513.

6: SCHÖNERS (?) GLOBUS 1515   8: THORNE 1527

VON AMERIKA, VON 1492 BIS 1570

Sophus Ruge.

5: PETER MARTYR 1534

6: NICOLAS DESLIENS 1541

9: ORONCE FINÉ 1531

11: CASPAR VOPELL 1543

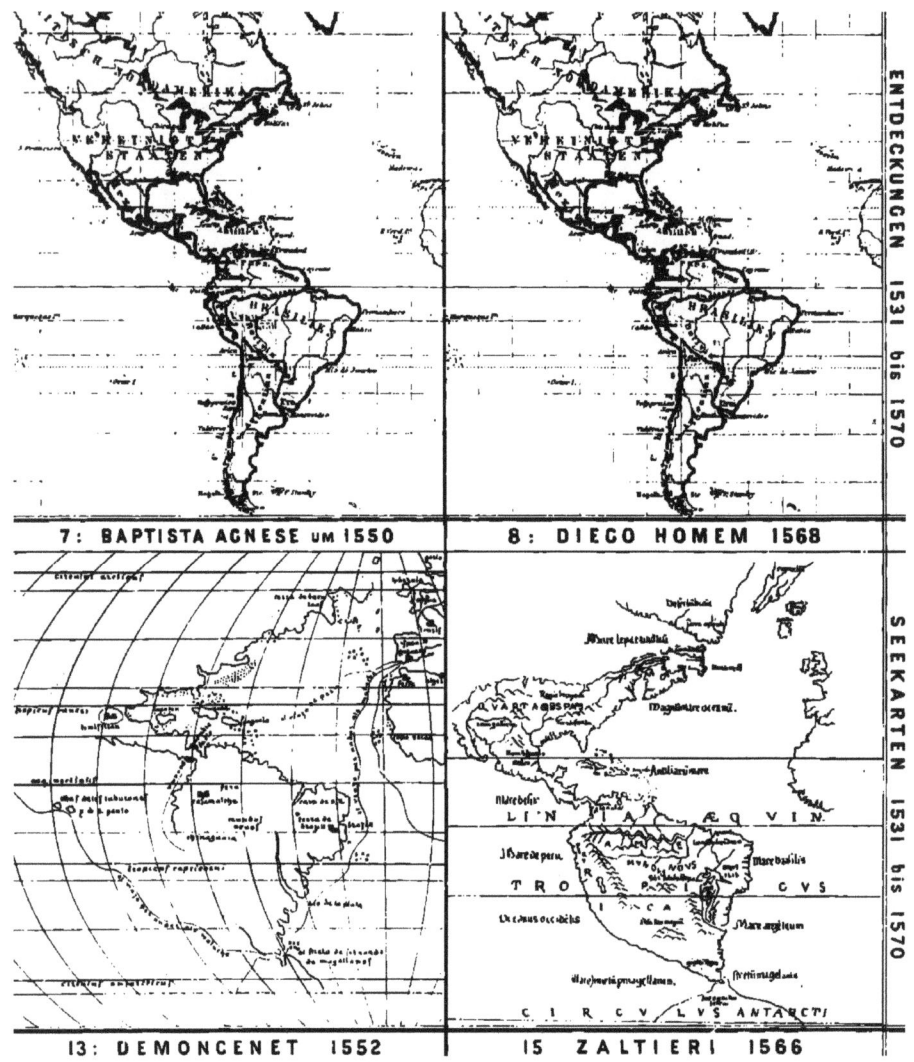

7: BAPTISTA AGNESE um 1550

8: DIEGO HOMEM 1568

13: DEMONCENET 1552

15 ZALTIERI 1566

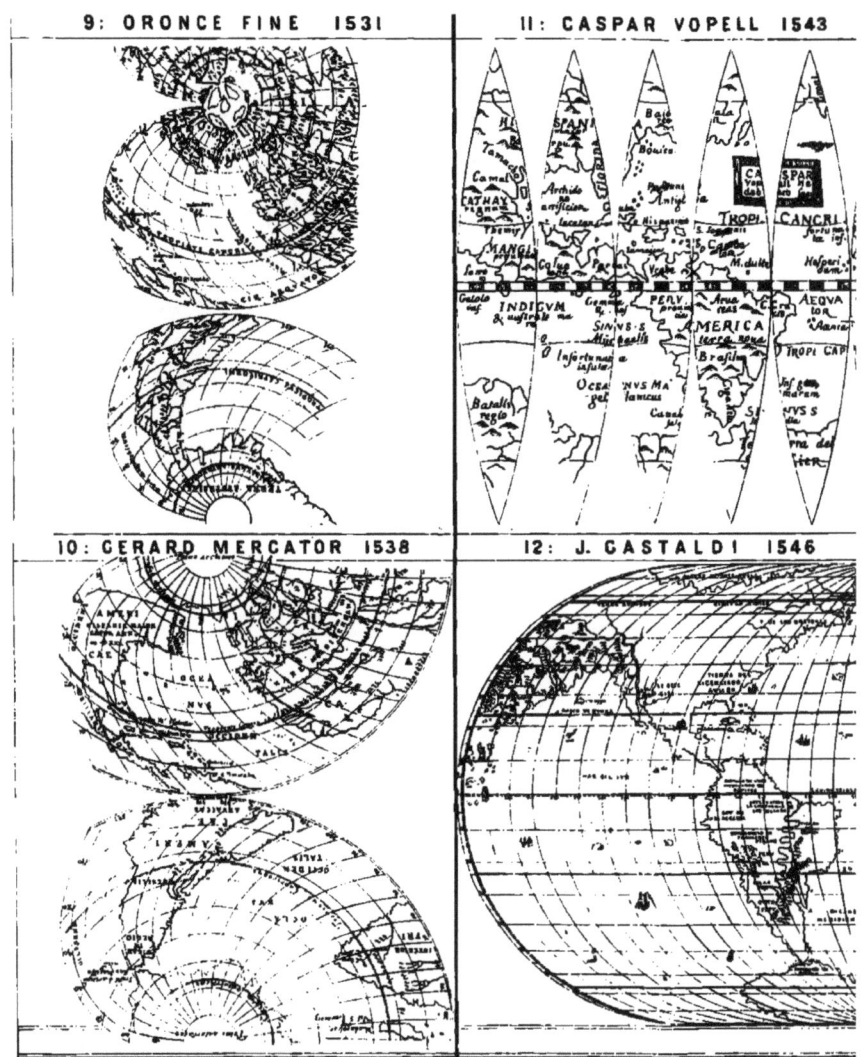

9: ORONCE FINE 1531 11: CASPAR VOPELL 1543

10: GERARD MERCATOR 1538 12: J. GASTALDI 1546

THES: GOTHA
92.

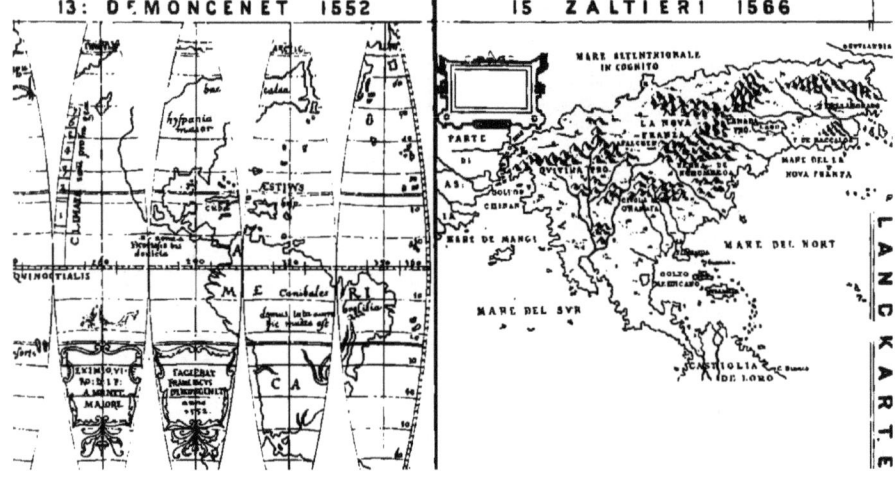